图书馆读者服务工作拓展与创新研究

刘素清　沈爱文　李焕梅 ◎ 著

中国书籍出版社
China Book Press

图书在版编目（CIP）数据

图书馆读者服务工作拓展与创新研究 / 刘素清，沈爱文，李焕梅著 . -- 北京 : 中国书籍出版社，2023.8
ISBN 978-7-5068-9493-7

I.①图… Ⅱ.①刘…②沈…③李… Ⅲ.①图书馆工作—读者工作—研究 Ⅳ.① G252

中国国家版本馆 CIP 数据核字 (2023) 第 131647 号

图书馆读者服务工作拓展与创新研究
刘素清　沈爱文　李焕梅　著

图书策划	邹　浩
责任编辑	毕　磊
责任印制	孙马飞　马　芝
封面设计	博健文化
出版发行	中国书籍出版社
地　　址	北京市丰台区三路居路 97 号（邮编：100073）
电　　话	（010）52257143（总编室）　（010）52257140（发行部）
电子邮箱	eo@chinabp.com.cn
经　　销	全国新华书店
印　　厂	北京四海锦诚印刷技术有限公司
开　　本	710 毫米 ×1000 毫米　1/16
印　　张	10.5
字　　数	207 千字
版　　次	2024 年 1 月第 1 版
印　　次	2024 年 1 月第 1 次印刷
书　　号	ISBN 978-7-5068-9493-7
定　　价	68.00 元

版权所有　翻印必究

前　言

图书馆读者服务的目标是为读者提供便利、个性化的服务，满足他们的阅读和知识需求，促进个人的学习和成长。通过这些服务，图书馆扮演着知识传播和文化交流的重要角色，为社会的进步和发展做出贡献。随着计算机技术的飞速发展，计算机在图书馆得到了广泛应用，图书馆的服务内容、服务方式和服务手段都发生了天翻地覆的变化。这就要求图书馆员必须及时掌握新技术，不断进行知识更新，以便能为读者提供优质服务。为此，近些年各个图书馆都在利用一切条件对馆员进行岗位培训，使图书馆馆员的知识结构日趋合理，业务素质不断提高，以满足读者在新形势下的不同需求。

本书以图书馆读者及阅读需求为切入点，分析了图书馆读者服务内容、原则及其体系构建，探究了图书馆读者导读工作及发展，着重对读者服务的沟通技巧、读者服务的行为艺术、读者服务的细节处理，以及读者投诉分析与处理进行研究，旨在提升图书馆读者服务水平。本书还探究了少儿、老年和残障人士等特殊读者的服务工作，最后把握时代脉搏，探索了图书馆读者服务工作变化与创新发展。

全书结构严谨，力求达到理论与实践相结合，具有时代性、实用性等特点，有助于实务工作者进一步思考和探讨相关知识在日常工作中的应用。

本书的书写得到了许多专家学者的帮助和指导，在此表示诚挚的谢意。由于笔者水平有限，加之时间仓促，书中所涉及的内容难免有疏漏与不够严谨之处，希望各位读者多提宝贵意见，以待进一步修改，使之更加完善。

目 录

第一章 图书馆读者及阅读需求分析 1
第一节 读者与图书馆读者 1
第二节 读者结构与读者类型 4
第三节 图书馆读者工作原理 16
第四节 读者阅读心理与信息需求 25

第二章 图书馆读者服务及其体系构建 37
第一节 图书馆服务概述 37
第二节 图书馆读者服务的内容 52
第三节 图书馆读者服务的原则 57
第四节 图书馆读者服务体系构建 60

第三章 图书馆读者导读工作及发展 75
第一节 图书馆导读工作概述 75
第二节 图书馆导读工作的有效方法 81
第三节 图书馆导读工作的发展趋势 88

第四章 图书馆读者服务工作水平提升 98
第一节 图书馆读者服务的沟通技巧 98
第二节 图书馆读者服务的行为艺术 111
第三节 图书馆读者服务细节的处理 120
第四节 图书馆读者投诉分析与处理 124

第五章 图书馆针对特殊读者的服务工作 ... 135
第一节 图书馆的少儿读者服务工作 ... 135
第二节 图书馆的老年读者服务工作 ... 140
第三节 图书馆的残障读者服务工作 ... 143

第六章 图书馆读者服务工作创新发展 ... 147
第一节 图书馆读者服务的新特点呈现 ... 147
第二节 区块链助力图书馆读者服务优化 ... 149
第三节 智慧时代图书馆读者服务转型思考 ... 152
第四节 图书馆读者服务精细化发展探究 ... 157

参考文献 ... 161

第一章 图书馆读者及阅读需求分析

第一节 读者与图书馆读者

读者作为社会历史的产物，是随着社会经济的进步和人类文明的发展而形成的。"读者是社会个体或群体一种身份上的称谓，指的是具有阅读能力与阅读行为这两个本质特征的人。"[①]图书馆有读者，图书报刊出版社有读者，书店发行部门有读者，其他文化宣传部门也有读者。在阅读活动中，读者是具有积极因素的主体，同时也是文献作用的客体与对象。读者不能构成特定的职业和社会阶层，他们分散存在于社会各行业和各阶层之中。任何社会成员都可以根据自己的需要开展阅读活动，都可以成为读者。

一、读者形成的条件

从人类社会文明发展的过程来看，读者的形成需要一定的客观条件（即社会条件）和主观条件。

形成读者的社会条件主要有以下几方面。

（一）读者形成的客观条件

第一，社会物质生产水平的提高，是社会成员开展阅读活动的根本条件。如前所述，人类为了安全、生存和发展，需要了解与自身相关的各种信息。随着人类社会和文字文献的出现，人类对信息的需求主要借助于文字记载的文献来满足。文献记载社会发展，来自社会发展，来自社会的物质生产。随着人类社会物质生产的不断发展，人类生存空间不断扩大，人们的社会实践活动不断丰富，精神追求不断增多，这一方面激发了人们的文献信息需求，另一方面又丰富了文献的内容。如此相互作用，不断推进，使人们对文献信息的需求不断扩大和发展，进一步促进了文献阅读活动的发展。

第二，文献生产方式的进步，有利于人类阅读活动的开展。人类在没有文字和文献之前，也有阅读活动，那是个体自发进行的对自然和社会信息符号的认知活动。人类社会的

---

① 陈庭生. 图书馆读者工作理论与实践[M]. 南昌：江西科学技术出版社，2010：1.

发展和人类生存进步的现实需要催生了文字。文字的出现给人类的发展插上了翅膀，实现了人类自身发展和社会进步与文明的巨大飞跃。文字保存人类的记忆，实现人类超越时空的知识交流和精神交流，记忆知识和社会信息，进而形成文献，进一步促进人类社会知识的交流和沟通。尤其是在造纸和印刷技术问世以后，人类的精神、知识交流突破了时空的界限，大大促进了人类的阅读活动，改变了人类的思维方式、认知方式和生活方式，从而创造出了更多文献。

当下新媒体技术、信息技术与图书馆事业的发展，更增加了文献的容量，改变甚至颠覆了原先人类接触、获取、使用文献信息的方式，人类的阅读内容、方式不同于任何历史时期，人类阅读的时间也空前增多。网络环境下，图书馆的信息需求用户较以前发生明显变化，呈现出了社会化、多元化、动态化等特性，社会各阶层、各领域的人都可以成为公共图书馆的现实和潜在信息需求用户。通过什么介质来阅读已经变得无足轻重，重要的是阅读的内容和方法。由此可见，人类文献生产方式的进化，既是人类开展阅读活动的直接客观条件，也是改变人类阅读内容和方式、习惯的重要客观因素。

（二）读者形成的主观条件

然而，一个人成为读者，还必须具有一定的主观条件。一般来说，一个人由一般的社会个体获得读者身份，应该具有以下几个方面的条件。

1. 强烈的文献需求

读者阅读行为的开展是读者内部意识与外部现象相互作用的结果。在读者内部意识中，文献需求是最本质、起主导作用的因素，它制约和影响着读者的其他内部意识活动，如认知、情感、意志、动机、兴趣、态度等心理过程的发生和进行，是决定读者行为的根本动力。只有具备了强烈的阅读愿望，才能使读者主动去寻求满足需求的文献和信息，开展阅读行为。因此，它是社会成员成为读者的首要条件。

2. 一定的阅读能力

它是每个读者所具有的必要条件，也是任何一个社会成员成为读者的条件。由于文献是科学、文化、知识的载体，读者对文献的利用是一种精神交流的具体体现。对于任何一个能阅读的社会成员来讲，都必须具有一种接受科学文化知识、理解科学文化知识、吸收科学文化知识的能力，才能保证交流的顺利进行。这种能力就是阅读能力，因而作为读者的根本属性，对读者行为具有本质性的意义。

3. 从事现实的阅读活动

社会成员成为读者的一个显著特征，就是他必须对某种文献实施了一定的阅读行为。因此，阅读是具有读者身份的社会成员与不具有读者身份的社会成员之间的根本区别标志。当社会成员与文献未发生任何联系时，即使具有阅读能力的人，也只能是社会芸芸众生中的一员，不具有读者身份。一旦他与文献发生了某种联系，或借阅或购买时，他便具有读者身份而有别于其他社会成员。所以，现实的读者总是具有一定阅读活动的人。阅读活动使人从一般社会个体成为读者，是读者的象征。总之，文献需求、阅读能力和阅读活动构成了"读者"这一特定概念的本质特征和特定内涵。

综上所述可认为，读者是利用文献的主体，文献必须通过读者的阅读活动，才能体现其价值与使用价值；读者通过阅读活动获得知识、信息，从而实现人类文化的交流、继承与创新；读者在阅读活动中有自己特定的阅读心理活动，它既取决于读者的修养水平及阅读动机、目的和条件，也受着各种社会环境条件的制约和束缚。

二、图书馆读者的概念

图书馆读者是一个特指的概念，通常是指具有文献需求和阅读能力，并充分利用图书馆资源的个体和社会团体。它是一个特定范围的读者，是社会读者中最为活跃的一部分。图书馆读者是图书馆服务的对象，图书馆的一切业务活动，都是以组织和指导读者的阅读活动为目的。作为一种社会的宣传教育机构，图书馆的各项社会功能都体现在读者阅读活动的效益上。所以，读者是接受图书馆作用的对象，读者的阅读活动时刻都在接受图书馆作用的对象，读者的阅读活动时刻都在接受图书馆工作的影响。同时，读者对图书馆资源的利用，一般都具有强烈的自主性。读者是图书馆真正的主人，图书馆的各种资源及全部的业务活动都是以读者为核心的，其内容与规模是以读者的需求为依据，在充分尊重读者自主性的基础上，为读者提供全面的文献服务，从而满足读者文献需求。图书馆读者数量庞大、成分复杂、类型多样，涉及极其广泛的社会成员。通常图书馆读者可分为现实读者和潜在读者两大类型。现实读者是指在图书馆活动中有阅读行为的成员，其中包括图书馆的正式读者和临时读者。

我们应该看到，图书馆虽然是当代社会知识交流的一个实体，但它的交流功能至今未能得到较好的发挥，即使在图书馆事业较发达的国家里，也程度不等地存在着这种现象。其根本原因在于图书馆如何变被动服务为主动服务、有针对性服务，如何有效地积极参与社会知识交流和文献信息的传递过程，以吸引那些潜在的读者充分利用图书馆资源，使图书馆真正成为人类文化知识的"源泉"。

第二节 读者结构与读者类型

一、图书馆读者的结构

读者群体的结构①相当复杂，有必要对其做出详细了解，以便有针对性地开展读者服务工作。

（一）读者的结构概述

所谓读者结构，是指构成读者队伍的社会因素和自然因素之间内在的、稳定的组织系统。特定环境下，由于受文化教育和社会任务乃至民族、地域、性别等因素的影响，趋同读者会产生相同或近似的情感、观念、态度和阅读诉求。同时，由于读者年龄、性别职业等差异，读者的阅读诉求和具体行为会表现出不同的特点。所以说，包括图书馆读者在内的读者也是有不同层次和类别的，这些不同层次和类别的读者构成读者的整体结构。按读者队伍的社会因素划分，读者结构可以分为职业结构、知识结构、民族结构；按读者队伍的自然因素划分，读者结构可以分为年龄结构、性别结构、生理结构、地域结构等。某一具体图书馆读者的构成，就是由不同职业、文化水平、民族、性别、年龄、专业素养构成的组织体系。

读者结构展现了图书馆队伍构成，反映了图书馆的服务对象。不同文献的需求和使用程度受读者结构影响，不同的读者结构对馆藏书的要求也不同，而且，读者结构和图书馆藏结构之间相互影响、相互制约，馆藏结构和读者结构两者之间要互相调整直至匹配，才能实现图书馆的健康和谐发展。也就是说，随着读者结构发生变动，馆藏结构也要进行调整以适应这种需求；当馆藏结构建立后，要重新明确自己所服务的读者结构，不然，会降低书籍的使用率和流通率，形成死书或呆滞书。因此，读者结构的研究是非常必要的，它使我们了解和掌握图书馆的读者队伍构成现状及发展趋势，为做好图书馆服务工作提供现实依据。

同时，读者结构是一种无形的客观存在，是一个动态发展变化的主体系统。读者结构虽然有一定的稳定性，但是随着历史和社会的发展，以及现实需要和读者个人发展需要的变化，而随时会发生变化和整合。比如同样处在改革开放的年代，虽然还是那样的读者群体，但是其内部会因读者诉求的变化而出现结构调整。另外，读者结构具有内在联系的组

---

① 所谓结构，是指组成一个整体的各个要素之间内在的、稳定的联系。

织系统。这一点容易理解，这里不展开论述。

读者在接触文献、认知文献的过程中，具有以下特点：一是具有接触、认知文献的主动性和目的性。二是具有接触、认知文献的选择性，主要是人的精力有限，只能选择自己最需要、最感兴趣的文献进行阅读。三是接触、认知过程的中介或传输途径具有多样性。现代化的图书馆拥有多种载体文献，能为读者接触、认知文献提供所需要的中介和传输途径。四是认知过程具有综合性。读者会结合自己已有的认知，不断对文献信息进行综合性加工处理，与已有的知识建立新的联系，丰富发展自己新的知识系统。五是接触、认知文献具有创造性。

（二）读者结构的划分

1. 职业结构

所谓职业，是指人们为了生存并能从中获取报酬所从事的某种业务或工作，它既是社会分工的需要和必然，也是人们赖以谋生的手段。社会分工不同，职业种类也多种多样，按行业大类区分，有工业、农业、商业、科技、教育、卫生等行业，每个行业中又有许多具体的职业、专业和工种。如果按照从业的时间来区分，职业又可区分为终身职业、阶段性职业和临时性职业。而职业结构是指读者在文献阅读过程中所体现出来的各种职业需求的比例，它主要表现为阅读中的职业需要、职业兴趣等特征，其作用主要表现在它能反映出读者相对稳定而又持久的阅读倾向。

从读者职业结构角度来说，不同的读者职业结构决定着阅读活动的不同内容和形式，构成读者群的不同类型。而稳定的职业结构，长期影响着读者的阅读取向。

读者职业特征是指读者从事某种职业、专业工作所表现出来的职业需求、职业兴趣和职业阅读活动的综合现象，这种现象反映了这类读者连续持久的阅读方向和发展趋势。就高校教师而言，从事高等教育和科研的大专院校教师的职业特征就是所从事的教学和科技具体职业的需求与兴趣，以及阅读文献活动的过程，而且通常会再现反映出他们相当长时间内持续不变的阅读方向和发展趋势。他们热爱本职工作，具有献身精神，为了教学和科研事业刻苦钻研，努力实践，表现出对本专业有关文献的强烈兴趣、高度的敏感性和特殊的驾驭能力，这是此类读者职业特征在读者阅读行为中的典型表现。

当然，不同职业、不同专业、不同行业和工种的读者，具有不同的阅读需求、阅读方式和阅读特点。他们虽有某些共同的阅读特征，但也有明显差异。大学教师和工人的阅读特征不会一样；文艺读者和农民读者的阅读特征也有明显差异。认识到这一点，对于图书馆、档案馆乃至文化信息产品营销机构而言，都是有意义的，可以有针对性地开展读者服务工作。

2. 年龄结构

所谓年龄结构，是指图书馆的读者群按年龄段划分构成的比例，其所反映的是读者接受和理解文献过程中的心理素质和智力状况。

年龄是人类的自然属性，不同年龄段的读者智力认知能力和社会分工不同，自然表现出对文献信息需求层次的差异性，呈现各自不同的阅读兴趣、阅读目的和阅读方式。这也是我们针对不同年龄段读者的上述特点开展读者服务工作的原则和依据。虽然年龄的增长为吸纳、积累知识创造了时间条件，但随着新媒体科技和计算机技术的飞速发展，以及图书馆数字化的加快，人类获取知识和信息的手段方式增多，为年轻人学习、研究、娱乐创造了有利条件。年轻读者是图书馆和文献资料的主要使用者，因此，图书馆如何引导年轻人有效使用图书馆文献资料，进行学习研究（包括休闲娱乐），是一个应该引起重视的问题。

不同年龄段的人对文本的理解不一样，儿时喜欢读《西游记》，成年后可能喜欢读《红楼梦》。所谓读者年龄特征，就是指读者在生理、心理、智力机制方面正常发展的情况下呈现出来的智力和心理状态。我们依据年龄可以将读者划分为少儿读者、青年读者、中年读者和老年读者等多种类型。少儿读者所表现出的阅读内容、阅读方式、阅读目的、阅读兴趣等特性，明显不同于其他年龄段的读者。青年读者在成年读者中是最充满活力的，也是较为复杂的读者群体。他们对各种事物和信息具有强烈的好奇心、敏感性和探求精神，他们所表现出现的阅读内容、方法和兴趣等方面的特性具有多样性、复杂性和不稳定性。中年读者是读者群体中相当成熟的群体，体现在人生阅历、专业知识和思想水平方面相对成熟，所以他们在阅读内容、方式和兴趣等方面都具有明显的稳定性和专指性。老年读者则是读者中最为成熟的群体，但与中青年读者相比，老年读者的好奇心消退，保守求稳思想增加，较少受新思想、新观念的影响。他们中有已退休的从事科研教学的读者，其已从过去以满足科研、生产、教学等专业需求的阅读为主，转向以阅读娱乐消遣和健身养老等文献为主。需要注意的是，由于受老龄化社会和互联网的双重影响，公共图书馆读者发生了明显变化，中老年读者正逐步成为其读者群的主体，公共图书馆应重视对老年读者的服务工作。

3. 性别结构

性别也是人的自然属性，由于性别的不同，男性与女性虽然具有许多共同的阅读兴趣、内容、方式，但在阅读过程中所表现出来的心理与行为活动是有明显差异的。有关调查研究表明，男性大多具有较强的竞争意识和攻击性，富于理性和自信心，他们理想远大，自我控制能力较强，善于抽象思维；女性则大都富于感性和依赖性，善于形象思维，进取心弱于男性，更愿意寻求他人的帮助。这些心理活动特征深刻地影响着读者的图书馆活动，影响着读者对图书馆资源的利用。

在图书馆读者服务工作中，包括在家庭、社区中，人们发现，读者的性别差异反映在阅读需求、阅读兴趣和阅读能力等方面，与读者的年龄是密切相关的。如少儿读者，在阅读兴趣方面，男性读者要比女性读者广泛；而在阅读能力方面，女性读者要比男性读者强。人到中年，男性读者在阅读兴趣和阅读能力两方面，在大多数情况下，都超过女性读者。再者，由于社会分工、家庭角色和负担，以及生理差异，男女读者的阅读需求和阅读兴趣等方面也存在许多差异。比如，女性读者除了对与自己相关的行为、职业信息有阅读需求和兴趣外，对与生活、社会有关的文献往往要比男性更感兴趣，新闻界所做的一些读者、听众调查也佐证这一观点。男性读者除了对事业发展、行业、专业方面的文献信息感兴趣外，对时政类、政治法律类、健身类、娱乐类的文献信息往往比女性读者更感兴趣。读者的性别结构和特征提示我们既注重和满足不同性别读者的阅读内容和兴趣方面的需求，同时也应更多关照女性读者，多为她们创造有利于增强阅读兴趣、提高阅读能力的条件和机会。

4. 文化结构

所谓文化结构，是指通过学校教育具有一定学历的读者在文献阅读过程中所表现出来的文化程度和知识范围的需求比例。文化结构主要表现在读者的文化特征上，即具有一定教育程度和文化水平的读者在文献需求上所表现出的内容深度、阅读方式、阅读目的的层次级别。文化结构能够反映读者对文献信息的接受能力和利用方式。不同文化水平的读者对文献的阅读内容、范围和深度是不同的，对图书馆的利用方式和需求价值也是不同的。当然也有例外。比如，高校教师对文献信息的需求主要表现为二次文献信息和三次文献信息的需求，通常会充分利用图书馆特殊文献，以参考咨询和文献检索为主要利用方式，而一般的读者大多只阅读中文普通文献。

读者文化特征是指具有一定学历和专业技术职务的读者在阅读内容、阅读方式和阅读目的等方面所表现出来的层次上的差异。读者文化特征既反映各种教育程度和不同专业技术职务的读者在文献信息的阅读对象范围和阅读水平方面的差异，也反映其对文献信息利用方式及需求价值上的区别。我们重视和研究读者的文化特征，可以把握图书馆读者文化特征的主流，做文献采编、保藏和流通服务工作，更好地发挥图书馆的作用。

5. 民族结构

所谓民族，是指人类历史上形成的处于不同社会发展阶段的共同体，是在文化、语言、历史等与其他人群在客观上有所区分的一群人。但现代的民族概念已然单指文化概念，与种族不同的是，民族单指文化区分，非生理基因的区分。与国族不同的是，民族是国族的产物，国族是以政治、文化凝结成的新族群，在政治、文化高度融合的背景下，国族都会转化成民族概念。

我国是一个多民族的国家，各民族政治、经济、文化、教育的发展，以及语言文字的应用各不相同，而且具有不同的民族特点，这必然形成不同民族读者在阅读兴趣、方式和内容上的差异，这种差异在我国云南、广西等多民族地区表现得尤为突出。

我国少数民族区域的图书馆应本着民族平等的精神，做好不同民族读者的服务工作，在服务过程中，尊重不同民族读者的民族传统和风俗习惯。其他地区、类型的图书馆等读者服务机构，也应针对本地区不同民族的传统和风俗，尽可能收藏一些少数民族文字的出版物，满足不同民族读者的特殊需求。

6.特殊生理结构

所谓特殊生理结构，是指丧失部分生理机能的读者群所表现出来的生理结构和特点，这部分读者尽管由于生理上有缺陷，造成工作、学习和生活上的不便，但是他们的大脑和常人一样，是健全和正常的，他们同样具有阅读文献的需求和能力。一些有视障、听障等问题的读者，可以通过特定的文献信息进行阅读。这些特殊读者在阅读文献类型、阅读手段和服务方式上，受生理缺陷的制约，有特殊的需求。比如听障读者通过手语阅读，盲人读者通过触摸盲文读物阅读等，图书馆应为他们提供便捷的服务，有条件的图书馆还应上门开展服务。

二、读者类型概要

读者群体是由具有不同个性和心理特征的个体读者所组成的。图书馆工作价值目标是读者第一，服务至上，要实现这一价值目标，就应该了解读者的不同类型及不同的心理和行为特点，有的放矢地做好读者服务工作。

分类是为了发现事物不同类型之间的差别，进而发现、研究和掌握其个中规律。划分读者类型，目的在于掌握和研究各类读者的阅读心理、阅读需求、阅读内容和偏向，以及阅读方式等方面的特征和规律，以便于我们采取有针对性的服务方式和方法，搞好读者服务工作，避免盲目服务、无效服务。

对读者进行分类有不同的角度和标准。从职业角度分类，有工人读者、农民读者、军人读者、教师读者和机关干部读者等类型，从年龄角度分类，有少儿读者、中青年读者和老年读者等类型，从性别角度分类，有男性读者和女性读者；从读者与图书馆的关系角度分类，有正式读者、非正式读者、长期读者等类型；从读者借阅的角度分类，有研究型读者、学习型读者等类型；从新媒体时代读者接受文献信息方式变革的角度分类，有到馆读者、虚拟读者等类型；从图书馆组织形式角度分类，有个人读者、集体读者和单位读者等类型，不一而足。

读者文献需求繁杂多样，所以图书馆数量庞大、成分复杂、类型多样，涉及极其广泛的社会成员。通常图书馆读者可以划分为潜在读者和现实读者两类。潜在读者是指尚没有利用却有可能使用图书馆资源的读者。现实读者是指有阅读行为的到馆读者，包括到馆的正式读者和临时读者（按图书馆的阅读权限不同，正式读者是长期使用图书馆资源的读者，临时读者是临时办理借阅关系偶尔使用图书馆资源的读者）。按读者的组织形式，还可以分为个人读者、集体读者和单位读者三种。个人读者是图书馆的主要服务对象；集体读者是指具有共同需求特点和目的地使用图书馆资源的小组读者；单位读者是指利用图书馆资源的固定组织机构，包括具有馆际互借关系的图书馆和图书馆的分支机构等。

不同学科对读者类型有不同的划分，比如文学、新闻学、阅读学、图书馆学、信息学等学科都有自己的划分。根据细分理论，可以将读者划分为若干特征明显的类型，根据不同的读者阅读行为的特点，图书馆或相应机构提供有针对性的文献服务，既有利于提高图书馆服务的专业性，提供读者需要的文献产品，满足读者的需求，也有助于图书馆和其他相应机构发现新机会、扩大服务范围。图书馆读者细分标准包括硬标准和软标准。硬标准是客观标准，如职业年龄、性别、收入、民族等；软标准则是主观标准，以读者的心理与行为特征为细分考量，主要包括兴趣、目的、习惯、态度、行为等。我国图书馆界的四分法就是以目的为依据而划分的，将读者分为研究型、学习型、实用型和娱乐型四种类型。

三、按照图书馆借阅方式所区分的读者类型

根据图书馆借阅方式所区分的个人读者类型、集体读者类型、单位读者类型、临时读者类型，综合学界的研究成果，概述如下。

（一）个人读者类型

1. 现实到馆读者

个人读者是图书馆服务的主要读者类型，也是图书馆的主要服务对象，它是以社会自然人为单位独立地利用图书馆从事阅读活动的个人用户，其中包括各种不同成分的个人读者。根据文化和旅游部图书馆岗位培训教材《读者工作》，个人读者分为少年儿童读者、大学生读者、教师读者、科技读者、干部读者、工人读者、农民读者、军人读者、居民读者和残疾人读者等。这里将几类主要的个人读者类型分述如下。

（1）少儿读者

少儿读者即少年儿童读者。所谓少儿是指6～15岁的少年儿童，由于这个年龄段的

少儿主要是中小学学生,所以也称为中小学读者。少年儿童也有心理和行为差异,包括阅读心理和行为差异。他们正处于半独立、半依赖、半成熟、半幼稚的人生阶段,受客观、外界影响大,心理和行为具有较大的可塑性。初中二年级以后的中学生还会不同程度地出现逆反心理。所以,对这一年龄段少年的学习和思想引导尤为重要。我们应该通过包括引导读书在内的各种方法使他们在这一阶段身心得以健康成长。家庭、学校和图书馆应努力帮助他们养成良好的读书学习习惯,引导、启发他们获取广泛的知识,打好基础,增强心智,健康成长。这一年龄段的读者在阅读学习中有一些共同点,即爱读书、身心好动、求知欲强,但学习持续时间短,阅读内容和兴趣广泛又通俗浅显,有初步理解能力,但以形象思维为主,随着年龄增长,尤其到了初二以后,他们的阅读自觉性、选择性及理解能力都会逐步增强。

少儿读者阅读需求主要有以下特点:一是多层次性。小学低年龄段儿童喜欢图文并茂、画面生动、文字简洁、色彩对比鲜明的图书。小学高年龄段儿童除对神话、寓言、童话感兴趣外,还喜欢阅读英雄故事,对科幻图书及描写儿童心理、生活的短篇小说也有一定的兴趣。对于小学高年龄段读者而言,其自制力逐渐增强,有自己的阅读兴趣,且能较长时间阅读,比较爱看装饰精美、以文字为主附以插图的、故事强的图书。而少年读者除喜欢阅读科研、历险故事外,对校园、青春小说也开始感兴趣。当然,他们也喜欢阅读与学业有关的知识性读物。二是从众性。阅读行为、兴趣容易受他人影响,产生阅读的从众性,别的同学在阅读什么书,他们也会从众,借或买来阅读。三是周期性。比如周末、法定节假日和寒暑假,是他们阅读较多的时间段。

(2)大学生读者

大学生读者具有双重的阅读特点,既是青年读者又是学生读者,既有着繁重的学业负担,又有着对文化知识的渴求。他们是各类图书馆读者的生力军,也是图书馆服务工作的主要对象。从人的生理年龄角度来说,大学生的生理机制、心理机制已经基本成熟,大多已形成人生观、世界观和价值观,他们的智力已经得到较为充分的发展,生活独立性增强,思想活跃,抽象思维能力和观察分析能力明显比少儿时期强,具有强烈的自我意识。

大学生读者阅读面和阅读深度不同于少儿读者,也不同于未读大学的青年读者,他们阅读的一个重要特点是需要与所学专业及未来职业、工作紧密地结合,以系统学习专业知识,掌握专业技能,在此基础上也会利用好时间,扩大知识面,拓宽阅读面。

观察研究大学生的阅读内容和行为,可以发现,大学生读者阅读行为具有以下特点。

一是将图书馆作为学习的第二课堂。他们充分利用图书馆文献资料,汲取知识养料,同时善于充分利用网络进行学习研究,并且随着时间的推移,其阅读学习的自觉性、选择性和专业性不断增强,阅读能力日益提高,更加善于利用文献资料。

二是阅读兴趣和内容广泛。大学生读者除了阅读与教学和专业内容直接相关的文献外，还会根据自己的兴趣爱好、广泛涉猎、选择教学内容和专业以外的其他专业领域文献来丰富自己的文化知识、满足自己的兴趣和爱好，以提高自身的综合素养和学习研究技能。

三是有较高的阅读层次和水平，注意精选所阅读的文献资料。具体来说，就是对文献内容的质量、内容范围，以及文献外在形式、设计等方面都有一定的要求。

四是使用文献具有阶段性，呈波浪式发展的态势。因为高校教学是根据教学大纲和教学进度按计划进行的，所以每一个阶段的大学生具有相对稳定的阅读需求，主要是各种参考书、相关专业书籍和报刊的阅读需求。此外，一个学期又可以分为开学、上课、复习、考试和放假等阶段，周而复始，循环往复，具有规律性。因此，大学生阅读和借阅呈现从高峰期、平稳期、萎缩期，再到高峰期的周期性变动特点。同时，大学生读者还有一个特点，就是对所学知识和文献的使用都是有计划、按步骤地进行的。

（3）教师读者

教师读者是指从事各类教育教学的读者，既包括普通高等学校、各类成人高等教育学校、中等专科学校、中小学及各类培训教育机构的教师，也包括特殊学校的教师和幼儿教师。教师读者是各级各类学校图书馆的重要服务对象，也是公共图书馆的服务对象之一。教师读者由于工作性质的需要和个人素养提升的现实迫切性，特别需要持续不断地吸纳新知识，以促进自己的教学水平、科研能力和个人素养的提高，所以他们是各级各类图书馆的常客。教师读者阅读行为主要有以下特点。

一是阅读内容复杂多样。由于教师群体繁杂多样，其表现出来的阅读行为也具有需求多样、博杂的特点。具体来说，大学教师读者与中小学教师读者阅读内容、差异很大，即便同为大学教师读者，不同专业、学科也相去甚远。另外，教师读者肩负着教书育人使命，自身综合素质需要提高，也存在接受文献内容出现博杂、多样的情况。

二是教师读者利用图书馆文献的方式存在很大差别。如大学教师读者由于肩负教学和科研双重任务，在阅读过程中，阅读目的明确，阅读范围相对集中，通常以专业文献和相关的二次文献为主。且大学教师读者对专业性和文献的品种、类型、范围、时限、深度等方面要求很高，希望文献的品种和数量相对稳定，以满足教学之需。而中小学教师读者阅读方式则以借阅有关教学参考资料、基础理论读物和思想文化修养类的文献为主。

（4）科技读者

科技读者是指各行各业各界从事科学技术研究的读者，其中包括科学技术研究人员、工程技术人员、医生、作家和文艺工作者等。如果按专业技术职称对科技读者进行分类，有高级科技人员、中级科技人员和初级科技人员，当然也应包括没有评聘上职称的科技人员。为分类清楚，便于分析，这里所指科技读者不包含之后将要论述的从事科研工作的教师读者。科技读者是图书馆读者中的主要读者和重点服务对象，全国大多数省市自治区还设有科技图书馆，这类图书馆中的读者当然以科研读者为主体。

科技读者是一个特殊的脑力劳动阶层，与其他知识型读者对文献的需求不同，他们在阅读活动中有以下特点：一是对文献内容方面的要求较高，他们对文献内容的广度、深度和难度的要求都超过一般读者，有的高级职称科技读者还有阅读外文文献的要求。二是对图书馆硬件服务和软件服务的要求较高，他们希望图书馆不仅提供图书期刊文献服务，还能提供二次文献、三次文献的揭示和报道服务，以提供参考咨询、文献检索等多种形式的主动服务，有利于他们开展具体的科研课题和其他科研项目，以及文献调研工作。这对图书馆的硬件建设和服务工作提出了相当高的要求。

观察发现，高层次科技读者的阅读特点还表现在借阅呈明显的阶段性特征。在选题阶段，他们通过查阅文献，了解国内外最新研究状况和可供选择的文献的研究价值，以避免选题重复无意义；在调研阶段，他们在选题基础上，进一步查阅资料，收集资料，启发思路，确定研究方向；在总结、撰写论文或进行具体设计阶段，他们核对资料，浓缩资料，充分查阅原文；在评审阶段，他们从资料角度对研究成果进行验证，来鉴定审查成果，观察其学术价值和现实意义。

（5）公务员读者

公务员读者是指在国家党政机关工作的读者。这类读者从事各级各部门的行政管理和决策工作，需要考察各种现实的或潜在的因素，作为制定政策、规划和实施管理时的参考依据，所以公务员读者阅读行为特点表现为比其他类型读者更关注具有战略前瞻意义的综合动态信息和专业、行业领域的事实性信息。公务员读者对文献资讯的政策性、权威性也更为关注，同时希望图书馆能及时为他们提供所需的文献信息。此外，他们对时政、法律、涉外、政治、军事和外交方面的文献也要比其他类型的读者更为关注。由于党政工群等机关除有综合宏观的党政事务管理部门外，也分门类和行业，公务员既有国家级党政工群机关，也有县级机关党政工群，既有机关领导，也有普通公务人员，他们的文献阅读行为也表现出一定的差异性。

（6）工人读者

工人读者是指在厂矿企业、商贸、交通运输、邮电、建筑、服务行业及第三产业从事体力劳动的读者，也包括党政机关的勤杂人员。他们以初高中文化为主，学历不高，人员众多，成分复杂，层次多样，也是图书馆读者队伍中的主要读者类型。

工人读者是各级公共图书馆和工会图书馆的主要服务对象，其阅读行为特点主要有以下四点：一是青年工人读者占据相当比例，他们思维活跃，容易受到各种社会思维的影响，阅读行为表现为追求社会时尚，对反映社会现象和问题的文献容易形成流行性的阅读现象。二是工人读者学历和文化水平普遍不高，选择的文献内容以文艺作品和普及性读物为主，阅读目的是丰富知识、陶冶情操。也有一部分工人读者会根据自己的兴趣和条件钻研业务技术，选择浅显的专业技术书刊阅读研究。三是工人读者只能利用业余时间到馆阅读。他们平时忙于工作，周末、节假日和下班后才有阅读时间，才可能到馆阅读或借阅。四是工人读者十分注重阅读文化补习和业务技术等文献。由于社会需要和工作压力，以及文化考核、专业技术职能评定的需要，工人读者必须不断提升自己的智能和知识水平，因此他们十分注重阅读文化补习和业务技术等文献。作为公共图书馆，在为工人读者服务的过程中，应该重视工人读者的阅读特点，尊重和满足他们的诉求，同时加强引导，向他们推荐需要的文献。

（7）农民读者

农民读者是指身居农村、以农林畜牧渔等大农业生产为业的读者。农民占中国人口的绝大多数，是图书馆最主要的潜在读者。我国农民有个特点，即身居农村，接触外界资讯不多，也不十分主动，但新一代农民大多具有初高中学历和水平。随着农村市场经济的发展，交通建设的加速，以及广播电视和互联网的接入，农民的职业成分和知识追求发生很大变化，东部沿海地区乡村和城市周边乡村的农民思想观念和文献需求已基本接近城市工人读者和居民读者。一些农民学科学、爱科学，运用科技从事农业生产和经营，尤其对种养专业知识文献情有独钟；一些发家致富的农民读者注重文化娱乐文献知识的阅读和学习。

农民读者阅读行为的特点主要有两点：一是在文献需求上注重选择娱乐性、通俗性、知识性、普及性文献。二是他们身居乡村，进城到馆阅读不方便。即便去，也是偶尔为之，只能算作是图书馆的临时读者和潜在读者。

针对农民读者的阅读行为特点，有关部门已经拨出经费在乡村建农家书屋，沿海发达地区乡村也建有一定规模的农民图书馆或书报阅览室。作为专门为公众服务的图书馆，也不能忽视农民读者队伍这一庞大的潜在读者，应根据农民读者阅读特点，做好相应服务，比如举办各式的先进技术培训班，送书下乡，使更多农民读者意识到科技文献的重要性，尽快地由潜在读者转为图书馆的现实读者。

（8）军人读者

军人读者是各军兵种和武警、海警的现役军人。军人有自己的图书馆，同时也是各级公共图书馆的读者。军人的职业性强，纪律严明。他们除了苦练军事技术，需要学习、阅读与军事和社会知识相关的文献外，也渴求文化、娱乐知识。此外，由于普通军人多为高中毕业生，他们还有基础文化知识学习的需求。

军人读者也有不同的阅读需求，表现出不同的阅读行为。一是文献内容以政治理论、军事技术、科学文化知识为主。二是在图书馆的利用上，以外借、阅览形式为主。三是阅读需求具有专业性、技术性、可操作性和实用性的特点。大部分军人在部队服役时间不长，要考虑转业退伍后的社会就业问题，所以随着军地两用人才的培训，军人读者的阅读需求朝更广阔的专业科技领域方向发展，渴望阅读专业性、技术性、可操作性和实用性强的文献。

（9）残疾人读者

残疾人读者是指在生理上存在一定缺陷，失去部分生理功能，难以进行正常阅读的特殊读者群体。这类读者除患有心脑残疾外，阅读需求和阅读能力与常人一样。

残疾人读者的阅读行为特点主要有两点：一是需要借助图书馆的帮助，才能顺利开展阅读活动。比如盲人读者要借助盲文文献、现实文献阅读。二是残疾人读者自尊心强，他们心理上难免存在柔弱要强的一面，既希望得到图书馆和其他读者的同情和帮助，又不愿让别人感觉到自己因某方面的不足所表现出来的弱点。具体到聋哑人，他们往往具有共同的群体心理特征：一是与正常人相比，因缺乏交流手段，表达相对困难，需求往往得不到满足，难以理解周围人的思想而常常产生误会。二是由于生活接触面小而单一，主要和聋哑人接触，造成其知识面窄，水平有限。三是自尊心带有盲目性和脆弱性，自制力较弱。

因此，图书馆工作人员在为他们提供服务时要倍加体贴关心、细心周到，尊重他们的人格和自尊心。对于有些行动不便的残疾人读者，图书馆也可以定期不定期地开展上门服务，满足他们的文献阅读需求，让他们享受到与常人一样的文献服务。

（10）居民读者

居民读者是指在城市有固定居住地和户籍地的，不属于上述各读者类型的读者。居民读者是街道图书馆和各基层公共图书馆的服务对象，其中包括从事个体或集体劳动的就业职工、离退休老年居民，以及其他无职业人员，包括下岗职工。

居民读者的阅读行为特点是在内容的选择上较为博杂：离退休老年居民读者喜欢阅读时政类文献和保健卫生休闲类文献；而下岗失业、待业人员由于本身有一定的专业技能和素养，所以在文献的需求和选择上更倾向于阅读各种反映科学技术文化知识的文献，以扩大自己的知识面，改变自己的知识结构，寻找再就业的机会。

2. 虚拟读者

虚拟读者，即在图书馆外远程访问图书馆网站、享受图书馆服务的读者。在互联网信息时代，图书馆读者群体必然由单一的"到馆读者"分化为"到馆读者"和"虚拟读者"，界定两种类别的依据是读者是否亲临图书馆。互联网、新媒体的出现，改变了人类文献处理、运用的方式，人们不用到馆也可以根据自己的需求，运用虚拟资料，来满足自己对文献的需求，所以在互联网、新媒体环境下，图书馆读者必然由过去单一的"到馆读者"分化为"到馆读者"与"虚拟读者"两类。

需要注意的是，这两类读者并非固定不变，他们可以互相转化，同一读者可以既是到馆读者，也是虚拟读者。到馆时，到馆读者是显形的现实读者，开展文献阅读活动，享受图书馆各项服务。而虚拟读者是"隐形"读者，他们在馆外的时空中使用图书馆数字文献时可以虚拟阅读，享受图书馆的馆外虚拟服务。

对于高校图书馆而言，校内读者均具有到馆读者和虚拟读者的双重身份，校内读者离开校园时，即成为通过VPN[①]访问图书馆的虚拟读者。但高校图书馆的虚拟读者并不仅指这类校内VPN虚拟读者，它的含义更为广阔一些，至少包含了校内读者和校外社会读者两大群体。这里的校外社会读者即"社会虚拟读者"，是一个有待界定的概念。

虚拟读者有校园、单位内的虚拟读者和校外、单位外的虚拟读者之分。前者依据校园、单位网的覆盖率特别是无线网的覆盖率进行阅读，不限于在图书馆内阅读，在宿舍、教室、食堂、实验室，以及其他活动场所都可以登录图书馆网查阅使用数字资源；后者可以依据网络条件和移动阅读终端远程查阅和使用图书馆网络资源，地点不受限制，可以在家中、在宾馆、在外地、在行进途中阅读。以虚拟读者人数相对较多的高校虚拟读者而言，他们访问图书馆网站最主要的目的是利用数据库来达到自己的学习研究目的，其主要需求表现在寻找参考咨询、信息检索、馆际互借、文献传递、学科服务、用户教育和论文提交等。

虚拟读者还可以有其他的分类，依据访问图书馆网络的权限来给虚拟读者分类，有以下几类：第一类是基础的普通网民，他们不享受深度服务的权利，只能访问图书馆公开的电子资源。第二类是较之基础普通网民（虚拟读者）享受更多图书馆网络资源服务权利的高校联盟的师生，但是这类虚拟读者所享受的权利比较有限，是最低权限，仅仅可以访问部分需要注册使用的数据库。第三类是本校或本机构的师生或研究人员，他们享有一般权限，可以在本单位内访问图书馆所有数据库。第四类是享受远程服务的师生和研究人员，他们享有最高权限，可以在单位内外访问图书馆所有数据库。

（二）集体读者类型

集体读者是指由若干人自愿组合、以一定的组织形式利用图书馆文献的集体用户。其组织形式多种多样，如读者小组、读报小组、自学小组、科研小组、写作小组等。他们以自愿的方式组成阅读学习研究的群体，具有共同的阅读爱好和需求，对所阅读内容的选择和采用的阅读方式也具有高度的同一性，并在一定期限内，集体借阅一定范围的文献。他们有的在同一个单位工作，有的从事同一种职业，是同一学校师生，有的共同研究某一项目，在一定期限内，集体阅读一定范围的文献。他们在借阅数量、借阅期限和借阅方式等方面不同于个人读者。当然，集体读者也可以是有约定的，能在一起沟通交流，通过图书馆网查阅文献数据的虚拟集体读者。虚拟个人读者可以结合成集体读者用户群。

集体读者是图书馆特殊的服务对象，我们在为其提供服务时应积极采取有助于他们的学习研究的方式和方法，最大限度地满足他们对所需文献的阅读需求。

---

① VPN（Virtual Private Network，虚拟专用网络）属于远程访问技术，简单地说就是利用公用网络架设专用网络。

（三）单位读者类型

单位读者是指以固定机构为单位利用图书馆的团体用户。图书馆单位读者的特点是作为一种传递馆藏文献的中转机构。它充当文献传递的中介职能：一方面是根据本机构或本单位读者的需要，直接向图书馆借阅或调阅馆藏文献；另一方面又直接将馆藏文献传递给读者使用。它只负责中转文献，归口借还，而不负责文献的长期保管。单位读者是为本单位员工利用图书馆文献资源提供服务的一种特殊组织，所借文献为本单位的个人或集体使用。

单位读者有三种类型：一是固定服务单位的用户。二是图书馆的分支机构，如高等院校的分馆或院系资料室。三是与本馆建立了馆际互借关系的兄弟图书馆。

（四）临时读者类型

所谓临时读者，是指因暂时的阅读需求到图书馆利用馆藏文献的尚未注册的读者。临时读者未办理图书馆的借阅凭证，与图书馆之间没有借书和阅读的契约，没有建立正式的服务与被服务的关系，只是偶尔到图书馆进行借阅活动。临时读者也包括个人读者、集体读者和单位读者三种类型。

第三节　图书馆读者工作原理

一、读者工作的概念及意义

（一）读者工作的概念理解

读者工作的概念，有广义和狭义两种不同的说法。

广义的读者工作，也被人们称之为读者管理工作或读者管理，是指图书馆管理者根据图书馆的方针、任务和目标，对图书馆的读者进行有目的的组织与整序，研究其阅读需要的规律，协调其同图书馆的关系，使文献流与读者流有机地结合起来，从而使图书馆的文献资源和读者的智力资源得以有效开发的过程。它是以整个读者群作为研究对象，了解读者的组成结构、阅读心理、需求等。其目的是提高读者服务工作水平，提高文献的流通服务质量，包括文献的外借、文献的阅览、馆际互借服务、馆外流通服务等。因此，读者工作紧紧围绕读者群的组织与整序来进行，也就是使读者在图书馆的一切活动都按照图书馆的管理意图进行有目的、有秩序的运行。

狭义的读者工作，是指向读者宣传、推荐、检索和提供文献的工作，它是开发文献资源的重要手段,是图书馆联系读者的桥梁和纽带。

这里,我们需要明确另外一个与此相关的概念:读者服务工作。读者工作与读者服务工作,往往被看作具有相同的含义,只是说法不同,其实这是不全面的。它们是两个不同的概念,具有不同的含义。读者服务工作,是指图书馆直接满足读者需要的服务活动,它是读者工作的一个主要组成部分,包含在读者工作范畴内,从属于读者工作,是读者工作的一个下位概念。

(二)读者工作的意义体现

众所周知,读者需要是图书馆存在和发展的基础,没有读者需求,图书馆就没有了运行的动力,也就没有了本身发展壮大的理由;要提高图书馆馆藏的利用率,发挥文献在传递知识、交流情报中的价值,必须有一种读者服务的新观念;图书馆如果要赢得读者,巩固本身的社会地位,实现自身的社会效益,必须以读者需要为第一,以服务读者为至上,并且要讲究服务效率,提高服务质量。

简而言之,图书馆工作的成败、兴衰、存亡,系于读者。古今中外的许多政治家、思想家、科学家和艺术家都与图书馆有着深厚的感情,他们借助图书馆的丰富藏书,经过长期的自我充实提高,结合自己丰富的实践经验,取得了辉煌的成就,这从另一侧面证实了图书馆读者工作的重要性。

二、读者工作的指导方针与原则

(一)读者工作的指导方针

读者对图书馆资源的要求,既有社会职业的要求,又有个人爱好的要求;既有眼前的要求,又有长远的潜在要求等。读者的要求是随着社会需要的发展变化而不断丰富、扩大的,在如此错综复杂的读者要求面前,任何图书馆要想不断地提高读者满足的程度,必须把"读者第一,服务至上""一切为了读者"作为图书馆读者工作的宗旨。

(二)读者工作的原则

1. 为人民服务

为人民服务是我们国家一切工作的出发点和本质的特征,也是我国图书馆读者工作实践和理论研究的指导思想。这个基本原则和指导思想,为读者工作指明了唯一的正确的方向。为读者充分利用图书馆提供一切方便,是图书馆对读者进行有效管理的一条原则。这是图书馆的性质和任务所决定的,它有利于馆藏文献的充分开发和利用,有利于提高图书馆的服务效益。

图书馆在贯彻这一原则时，应注意以下几个问题。

一是从方便大多数读者出发。从本质上说，图书馆的规章制度和管理办法是维护大多数读者利益的，不应成为读者利用图书馆的障碍。但是，在实际的工作过程中，作为一个机构，要协调好图书馆、工作人员、读者三方面的关系，图书馆在制定一些规章制度时，会不由自主地倾向于管理方便，形成一些方便管理的规章制度，而忽视了读者方便。这样的制度必然会造成对读者的种种不便。图书馆规章制度是图书馆工作实践经验的总结和概括，但随着图书馆工作的开展和人们认识的深化，它并不是一成不变的。人们应当根据客观情况的变化及时地检查规章制度，发现确实不合理的就得坚决地加以改革。图书馆制定各种规章制度，既要以便利读者为出发点，又要建立在科学管理的基础上，两者必须统一起来。所谓对读者的便利，是指对全体读者的便利，不能是便利一部分读者而妨碍了另一部分读者的阅读。而且，这种便利是长远的便利，不是便利于一时，而贻患于未来。制定规章制度时要体现在保证重点读者需要的前提下，满足一般读者阅读需求的原则。从整体上来看，图书馆要保护多数读者的利益。例如，图书馆为了严防丢失损坏书刊资料而订立的某些制度，目的就是要保护全体读者的共同利益。

二是建立多功能的目录检索体系。目录是指引读者查找文献的向导，多功能的目录检索体系可以为读者快、精、准地检索到所需要的文献提供方便。目录活动无论在中国，还是在西方都有悠久的历史。我国目录活动要从编制书目活动算起，距今大约已经有2500年。国外目录活动早在上古时代就已经萌芽。随着社会的进步和文化的发展，目录活动逐渐从原始雏形走向日臻完善。随着科学技术迅猛发展，计算机和通信设备在图书馆得到广泛应用，使图书馆目录又逐渐发展为自动化和检索网络化。

三是对藏书进行合理科学的组织与布局。藏书组织是指将图书馆收集并加工的文献按照一定的要求进行合理的布局，组织一个有序化的藏书体系。图书馆的藏书由于日积月累越来越多，内容和形式都较复杂，对藏书进行合理、科学的组织与布局能够使各种类型的读者，方便及时地借阅到所需图书资料，便于工作人员的管理，提高服务质量，确保藏书完整，避免丢失和损坏；努力做好藏书补充、藏书剔除、藏书保护、图书排架、图书清点、图书宣传、阅读辅导等工作。

四是改进服务方式，扩大文献的开架借阅范围，简化借阅手续。传统的服务方式就是个人外借，为充分满足读者的阅读需要，应该实行集体外借、预约借书、馆际互借、网上文献传递、邮寄借书、馆外流动借书等工作。实行自动化管理，可以大大缩短读者在借阅处借阅手续的时间，为读者利用图书馆创造方便。开架借阅可以实现人与书的直接见面，为读者最大限度地利用文献提供方便。

五是具有合理的开馆时间。延长开馆时间可以使读者利用图书馆的时间增加，无疑是对读者有利的。但是，开馆时间并不是越长越好，因为它要考虑工作人员的作息制度、读者的工作学习时间等问题，所以开馆时间同大多数读者利用图书馆的最佳时间相吻合即可，即要科学地安排开馆时间。

2. 充分服务

充分服务的原则，也是读者至上的原则，就是全面开发利用图书馆的资源，最大限度地满足读者的一切需要，充分发挥图书馆为社会主义物质文明和精神文明服务的职能工作，这是读者工作应当追求的共同目标。充分服务的原则，直接体现了"一切为了读者"等指导方针，反映了两层意思：一是读者服务工作中要以文教为中心开展各项活动，千方百计地满足读者对文献的需求；二是图书馆的一切工作，包括文献工作、行政管理工作、思想政治工作，都要围绕读者的活动进行，以读者的需要作为一切工作的出发点和归宿。

图书馆在贯彻执行这一原则时，需要注意以下几个问题。

首先是把读者利益看作图书馆的第一利益，树立读者本位意识。这里所说的读者利益，主要指的是读者充分使用图书馆资源的权利，读者在图书馆里正常借阅图书期刊、借阅册数、借阅期限、阅读时间、开馆时间等，以及情报咨询、文献利用、图书证的办理及使用等，都应受到保护和尊重，任何人不准以任何借口对读者的上述基本权利施以冲击和侵占。读者的本位意识，是指图书馆是为读者服务的，它的一切活动都应以读者为中心。图书馆收藏图书只是一种手段，而读者利用图书才是最根本的目的，藏书建设应该是读者需要什么，就补充什么；开馆时间也应该是读者利用图书馆的最佳时间，不要在读者有时间阅览时，图书馆闭馆，而读者无暇时，为图书馆开馆时间。读者借阅图书的期限也要根据具体情况来设定，既能保证图书的正常流通，又要确保读者持有图书达到一定时间以便于使用。

其次是尽最大努力满足读者的阅读需要。读者的阅读需要是多方面的，而图书馆的文献资源是有限的，不可能满足广大读者的一切阅读需要，如何使有限的资源发挥出最大的作用，这就需要采取各种必要的有效措施，制定更为合理的工作流程和规章制度，如延长开馆时间、加大阅览文献的比重、加快文献借阅频率、开展预约借书等服务，来充分满足文教需要。同时，传统图书馆的读者服务以文献借阅为主，而现代化的图书馆则突破了这种局限，开展多功能服务。即图书馆要深化文献服务，不仅提供文献单元服务，还要提供知识服务，接受各种咨询，解答各种问题。同时，还要扩大服务内容与服务领域，积极为大众提供审美、交流、学习等多方位的服务。在开展多功能服务的同时，图书馆还应尽力加强特色服务，建设自己的馆藏特色，以展示自己的个性，更好地为读者服务。同时，图书馆还应在本地区和本系统内积极开展资源共享活动，通过馆际互借等方式，来满足读者的特殊需要。

最后是图书馆内务工作与读者需要发生矛盾时，应服从读者需要。图书馆的服务工作同读者的需要从根本上讲是一致的，但在具体工作中却经常会发生一些矛盾，例如开馆时间、借阅册数、节假日、图书加工、图书整架等。图书馆在处理这些问题时，都应该首先考虑读者的需要，尽量避免发生冲突。

3. 区别服务

区别服务就是有针对性地满足各种读者的不同需求，它的实质在于讲究服务的艺术，注重服务的效果，着眼于服务的质量。这是搞好读者工作的基本政策。图书馆工作是一种社会教育工作，在图书馆服务工作中必须针对读者的不同情况，来采取不同的服务方针，有区别地对读者进行服务，才能起到事半功倍的效果。

区别服务主要是由以下三个方面的因素来决定的。

首先是图书馆藏书结构与读者结构。区别服务原则是建立在对读者和藏书进行系统分析基础上的，藏书是一个多级别、多层次的动态结构，而读者成分及其需要也是一个多类型、多层次的动态结构。图书馆管理者应该有针对性地采取不同方式来满足不同读者的需要。区别服务的核心是提高读者工作的有效性，使所有的文献资源都能做到物尽所能，发挥其所有的价值，使所有的读者都能各取所需，满意而去。

其次是服务机构与服务方式。随着图书馆事业的不断发展，社会上出现了各式各样的图书馆，这些图书馆的具体任务和服务对象不同，对书刊文献资料的搜集、整理、保管和传播的内容、形式及方法也各有差异。在联合国教科文组织（UNESCO）的支持下，国际标准化组织（ISO）和国际图书馆协会联合会（IFLA）为制定图书馆统计的国际标准，从1966年开始进行了一系列工作，终于在1974年由国际标准化组织颁布了《ISO2789—1974（E）国际图书馆统计标准》。将图书馆分为国家图书馆、学校图书馆中的高等院校图书馆、非专门图书馆、学校图书馆、专门图书馆、公共图书馆六大类型。我国当时尚未参加国际标准化组织，所以对这个标准无法表示态度。目前，在我国，根据图书馆的领导系统、综合图书馆的性质、读者对象和藏书内容等标准来划分，我国图书馆的类型有：国家图书馆、公共图书馆、学校图书馆、科学图书馆、专业图书馆、技术图书馆、工会图书馆、军事图书馆、儿童图书馆等。在上述各类型图书馆中，通常认为公共图书馆、科学图书馆、高等院校图书馆是我国整个图书馆事业的三大支柱。由于不同类型的图书馆机构的不同，导致了它们具有形式各异的服务方式，在图书馆的读者中，有些属于重点服务对象，有些则属于一般服务对象。对于重点服务对象，在借书范围、册数和期限等方面应当有区别地给予重点保证和关照。当然，在满足重点读者阅读需要的同时，也要兼顾一般读者的阅读需要。例如在高校图书馆中，高校教师和学生就是重点服务对象，一些社会人员或实行馆际互借的其他在校生则属于一般读者,对于他们图书馆都会采取不同的服务政策。另外,同属于重点服务对象的高校教师和学生,也会在借书期限或册数等方面受到不同的限制。这就是根据实际情况进行了区别服务的原则。贯彻区别服务原则能使图书馆的服务工作分清主次,保证重点,兼顾一般,从而使馆藏文献及人力、设备等条件用在最需要的地方。

最后是各种社会职能。所谓职能,就是指人、事物或机构应有的作用。职能是由性质决定的,有什么样的性质就有什么样的职能。图书馆的职能,从根本上讲,是由图书馆的中介性决定的。概括起来,这些职能主要有社会文献流整序、传递文献、开发智力资源与进行社会教育,以及搜集和保存文化遗产。图书馆的社会职能是在图书馆的发展过程中逐渐形成的,在图书馆发展的不同阶段上,图书馆的职能有不同的侧重点。当然,从总体上看,图书馆的四种基本职能是互相联系、互相补充的,对于不同类型的图书馆来说,图书馆的职能也要根据其性质、任务、读者对象、收藏范围和所在地区等具体情况的不同,而有所侧重。因此,应强调从各馆的实际出发,来发挥图书馆的职能作用,以便办出图书馆的特色来。

4. 科学服务

科学服务的原则就是遵循图书馆工作自身的规律,按照科学的思想、科学的态度、科学的方法、科学的管理措施,组织读者服务活动,这是所有图书馆工作者工作的基本要求。科学的思想,就是在读者工作及其研究中,要具有整体的、全局的观念,要会运用全面的、联系的、发展的观点来认识问题。科学的态度就是实事求是,一切从实际出发,讲究实效而不图虚名的态度。科学的方法,是指在读者工作及其研究中,要形成一整套实践与理论的方法。科学的管理措施,是指读者工作的规章制度、先进的技术设备和服务手段。

5. 教育导读

教育职能是现代图书馆的重要职能之一。图书馆的读者群成分复杂,其阅读需要和阅读目的也是多种多样的。为了提高阅读的效果,更好地履行图书馆的教育职能,作为社会阅读活动的组织者——图书馆,必须对读者的阅读目的、阅读内容和阅读方法给予积极的引导,以使读者阅读活动健康发展。

6. 资源共享

资源共享是当今图书馆事业发展的一个重要课题,也是读者服务工作的基本原则。

早在20世纪五六十年代,图书馆界就有人提出了这个概念,认为图书馆资源共享,是指图书馆之间相互分享各自的资源,为读者或用户提供更多的服务。现在,这个要领在原来的基础上又有了延伸和发展。例如美国匹兹堡大学教授肯特认为:"资源共享是图书馆的一种工作方式,即图书馆的全部或部分功能为许多图书馆所共享。"他还认为,图书馆资源不仅是藏书,图书馆所拥有的人员、设备、工作成果等都是资源,因而也可以以某种方式为许多图书馆所共享。关于资源共享可以说是图书馆界多年来的梦想,区域合作、实现文献资源的合理配置与共享是解决图书馆诸如购书经费不足、藏书空间有限、文献保障率低等问题的关键。为更好地开发信息资源,为我国的经济建设服务,图书馆应更新观念,改变传统运作模式,利用网络和各种现代化技术,走协作之路,努力实现全方位的资源共享,让"藏书楼"向数字化图书馆转变。

三、图书馆读者工作体系

在图书馆中,读者工作是第一线工作,它是图书馆其他工作的出发点和归宿。也就是说,其他各项图书馆工作都是为了更好地开展读者工作。而读者工作开展的得好坏,将直接影响图书馆方针任务的完成,从更高层次上说,甚至会影响科学技术的发展和人们文化水平的提高。因此,必须对读者工作实行科学管理。

读者工作的内容范围,随着近几年的发展完善,已经逐渐形成一个完整的工作内容体系,它主要包括以下几个方面。

(一)组织读者

组织读者是读者工作的第一步,是图书馆管理者对读者实施有效管理的组织措施。它包括发展读者、划分读者群和整序读者流。

发展读者是通过读者登记来实现的。读者登记工作是图书馆对读者进行调查研究、了解读者、联系读者的基础,是做好读者工作的前提。高等院校图书馆的读者成分比较单一,凡本校的师生员工,都是本馆的服务对象,只要进行简单的读者登记,就可以成为正式读者。公共图书馆的服务对象比较广泛,比较复杂,需要根据办馆的方针、任务、规模和条件,以及读者的阅读需要特点等,有目的地发展读者。读者登记表要妥善保存,这不仅是了解读者、研究读者的重要资料,而且是图书馆进行各项统计的依据。为了便于日后开展对读者的研究工作,在读者登记时要详细记录读者的专业、职务、工作性质、年龄等。

(二)研究读者

研究读者是指研究读者的阅读规律,包括不同层次的读者在阅读需要、阅读目的、阅读过程上的特点及其规律。研究读者的目的是为了提高读者服务效益和读者阅读修养,因此，图书馆界学者把图书流通概括为"为人找书，为书找人"是有一定道理的。图书流通就是要让读者找到所需要的图书，让图书为适合的读者使用。所以，研究读者是开展图书流通的基础。只有把握住图书流通的规律，掌握读者的阅读需要，才能找出满足这些需要的方法和途径。

进行读者研究，可以从两方面着手：一方面从宏观方面着手，研究读者的阅读需求，以求掌握各类型读者需求的特点和规律；另一方面从微观方面着手，研究读者阅读的动机与目的、阅读心理与行为、阅读方法与效果问题，以便有效地满足读者的需求。

（三）分析读者

分析读者指的是分析读者的各种需求。

一般地说，不同层次的读者群对文献的需求是不同的。中老年科技工作者所需要的文献多为中外文科技资料和少量专著，其要求是"新""全""专""精"。青年科技工作者精力旺盛，对新事物比较敏感，图书馆应根据实际情况对他们推荐对口书刊。除此之外，读者在不同时期所需要的文献也是不同的，即读者阅读文献具有很强的时代性和阶段性。以高等院校图书馆为例，教学进程的不同阶段，读者用书情况是不同的。如开学初期，教学参考书的借阅量最大，因此，做好这方面的图书流通工作是服务的重点；考试阶段，应适当延长借阅时间，为复习考试创造有利条件。读者阅读的目的也是不完全相同的，有的是为了充实头脑，有的是为了解决一个实际问题，有的是为了研究学问，有的是为了享受，等等。因此，研究读者需求时要具体问题具体分析。

研究读者，进行读者需求分析，有助于从总体上把握其需要的特点和规律，研究读者的阅读动机，不仅是为了提高服务的针对性，更重要的在于对读者动机加以正确引导，对于高尚的、纯正的阅读动机，应充分满足其需要；对于阅读动机不纯正的读者，绝不能迁就，必须加强教育和引导，使其辨明是非，提高读者的阅读欣赏水平。

总之，研究读者需求是图书馆搞好读者工作的一个关键问题，进行读者研究，有助于提高读者服务工作的针对性和服务质量与效率。

（四）服务读者

图书馆服务工作是指图书馆利用馆藏和获得的文献信息，采取多种方式向用户提供服务的一切活动。图书馆服务是图书馆工作的外在表现形式，是图书馆社会价值和最终目标的体现，也是图书馆中最具活力的工作。它包括优化读者服务方式、扩大读者服务范围、增加读者服务内容和提高读者服务水平。图书馆服务读者的传统方式可以根据读者的实际需要，利用藏书、目录、设备及环境条件，有区分地开展各项服务活动，包括综合应用外借服务、阅览服务、复制服务、咨询服务、检索服务、定题服务、报道服务、展览服务、情报服务等，建立多类型、多级别的服务方法体系。此外，还要有效地满足各类读者对一次文献、二次文献、三次文献的不同需要，帮助读者解决在学习、研究、工作中选择书刊、查询资料及获取知识信息方面的各种具体问题。一个图书馆以何种方式服务读者，主要取决于本馆的性质、规模和读者需求，而且还要随着图书馆的发展和读者需求的变化而不断变化。

目前，随着网络的普及和计算机技术在图书馆中的广泛应用，利用网络为读者提供服务已经成为图书馆的服务方向。图书馆的服务方式也由传统的服务转向了现代化服务，例如网上参考咨询服务。

总之，图书馆的读者工作范围和工作内容应根据本馆的具体情况和社会发展水平来决定。总的要求是"用最少的投入，在最短的时间内，向最多的读者提供最好的文献"。图书馆扩大开架借阅范围，开展参考咨询和情报服务，开展预约借书和文献复制等，就是这一原则的具体体现。

（五）教育读者

教育读者是图书馆教育职能的一个具体体现。它包括宣传读者、辅导读者及培训读者三个方面的内容。

宣传读者是图书馆对读者进行科学管理的基本手段之一。在全部的文献流通和情报传递过程中，都离不开宣传工作，离开了宣传工作，则无法实现图书馆对读者的指导。宣传的根本目的，在于在了解和研究读者阅读需要的基础上，主动向读者揭示文献的形势与内容，宣传先进的思想、科学知识、职业技术及广泛的文化信息，把读者最关切和最需要的文献及时展现在读者面前，吸引读者利用图书馆的多种图书文献及各种资源，使图书馆的资源得到最大限度的利用。

每个图书馆还应该开展阅读辅导工作，针对不同读者的具体情况，有区别地为读者服务。辅导读者的根本目的是在了解和研究读者阅读需要的基础上，积极影响读者选择阅读范围，引导他们正确地选择文献内容，帮助他们学会利用文献和图书馆。读者辅导工作，是在熟知读者及其阅读需要的基础上，进行有针对性的帮助指导，以促进读者更好地获得知识，提高阅读能力及阅读效果。

培训读者是为了让读者能更好地利用图书馆的各种馆藏文献，提高读者使用文献的技能。培训读者主要从两个方面入手：一方面培养他们的情报意识，激发他们利用图书馆的欲望，使他们自觉地认识到图书馆是自己的良师益友、终身学习的场所；另一方面提高他们利用图书馆和检索情报的技能，以便能熟练地利用图书馆。具体说，就是图书馆通过各种方式向读者传授"怎样利用图书馆"的知识、目录学知识、文献知识、情报检索与利用知识、网络数据库使用等。

（六）读者工作管理

为了有效地开展读者工作，读者工作部门本身应进行科学的组织管理，包括岗位设置、人员配置、组织劳动分工、明确岗位责任、建立健全各种规章制度、合理组织辅助藏书、改进服务手段、完善服务体制等工作。

图书馆的组织机构分为业务领导和行政领导两部分。业务领导和行政领导包括馆长、书记及副馆长，根据党员数量可成立党支部或党总支，图书馆的各项工作是馆长在上级党委和行政主管部门领导下进行的。

图书馆所设办公室，是从事全馆业务、行政、财务、后勤等事务管理的部门。业务机构包括书库、采访部、编目部、社会科学书库、自然科学书库、期刊阅览部、信息咨询部、网络技术部、数据加工部等。采访部是根据本馆的性质、任务，按计划采购和补充藏书，建立本馆藏书体系的业务部门；编目部是对到馆文献的加工整理部门；一些图书馆采访部和编目部是合二为一的部门，称采编部。书库是图书馆开展图书外借，直接为读者服务的业务部门，通常分为社会科学书库和自然科学书库。期刊阅览部是图书馆管理期刊工作的部门，包括期刊的采访、订购、新刊登到、分类、上架、借阅等；同时在馆内开展书刊资料阅览工作。信息咨询部是开展信息资料收集整理、加工、分析研究和传递服务的部门；很多高校馆的信息咨询部都开展了高层次信息服务，例如科技查新、论文查收查引、论文检索、科技情报分析与利用等。网络技术部主要负责图书馆主页的维护、数据库的订购与更新，同时负责图书馆管理系统的正常运行，保证图书馆局域网的畅通。

第四节 读者阅读心理与信息需求

读者心理研究是应用心理学的一般原理、知识和方法，对图书馆读者心理活动（包括读者的心理现象、心理过程和心理机制）进行分析和研究，从而掌握读者心理活动的产生与发展规律，为掌握读者需求动向，最大限度地满足读者的文献需求提供理论依据。

一、读者心理的基本内涵

心理现象通常也被称为心理活动，是除了客观物质现象外，存在于主体（人）自身的主观精神现象，如人的感觉、思维、情绪、意志等，简称心理。人的心理，是世界上最复杂、最微妙的现象。心理现象不同于物理现象，本身没有形状、大小、气味、重量等可直接感知的具体形态，因而不容易为人们所了解，但是它又并非神秘莫测、虚无缥缈、不可捉摸。因为人的各种心理活动是在特定的社会环境下，在人们的客观实践活动中产生出来的，同时又会对实践活动产生反作用。因此，通过人类的社会实践活动又可以分析人的各种心理现象，掌握心理活动的发展规律。

读者心理的内涵十分复杂，它包含了读者在图书馆活动中的阅读心理和检索心理。读者的阅读心理是指读者在阅读活动过程中表现出来的心理现象，它包括了阅读的认识活动和阅读的意向活动。阅读的认识活动是读者对文献载体上的文字、信息或符号感知的过程，包括感觉、知觉、表象、思维等一系列生理和心理的活动过程。读者经过这些过程吸收并理解文献中所包含的知识和信息。阅读的意向活动带有较多的个人心理色彩，它是受读者的先天特性和社会环境的影响而形成的读者个人的阅读需要、阅读动机、阅读兴趣、阅读能力等。阅读的意向活动是推动读者阅读的一种内部动力，它直接影响着读者的阅读倾向和阅读效果。读者的检索心理是指读者在文献检索过程中表现出来的心理现象和心理特征。它包括了读者的研究内容及水平深度，读者文献检索的共同心理特征，如求新、求准、求全、求快心理，以及特殊心理特征，读者的检索能力以及对图书馆工作评价的心理表现。读者心理的形成和发展是读者内部意识和外部环境现象相互作用的结果，是读者主观因素和各种客观因素相互作用的综合反映。掌握了读者心理的形成和发展，认识和观察读者行为就具有了充分的理论依据，了解读者的种种表现，就能及时把握和预测读者需求及行为的动向，为提供针对性服务打好基础。

读者心理，从主体而论，可以分为图书馆读者心理、社会读者心理。各种知识的交流和传递，都需要在全面了解读者心理，掌握读者心理特征的基础上进行。图书馆读者虽然与社会读者在对象上有交叉，但是因环境、活动方式不同，读者的心理活动有着较明显的差异。因此，我们所说的读者心理，是指读者在图书馆这一特定环境下，通过对图书馆资源的利用活动而表现出的各种心理现象、心理特征及心理发展规律。

二、读者的心理活动过程

我们所说的心理活动过程是指读者在阅读时产生的心理活动。读者的阅读活动，是以各种各样的心理活动为基础的。依据心理学的原理，人的心理活动过程包括了认识过程、情感过程和意志过程。它们之间有一定的区别，同时又相互依赖和相互促进。

（一）对文献的认识过程

阅读是人类获取知识的一种重要活动和手段。读者阅读心理活动首先是从对文献的认识过程开始的。这一过程是对读者认识文献的个别属性加以联系和综合反映的过程。阅读的认识过程就是信息的加工过程，是对所接受的文献信息进行输入、检测、存贮、加工、输出和反馈的过程。在这个过程中，它要求调整人在阅读时的感知、注意、记忆、思维（抽象思维和形象思维）等心理活动因素，使之处于高度积极的紧张状态，来完成对信息的认识。

1. 对文献信息的感觉

感觉是人的大脑对客观事物的个别属性所做出的直接反映。它是认识世界的感性阶段，是我们追求知识的最初源泉，也是人类心理活动的基础，是人的意识形成和发展的基本条件。感觉的生理基础是客观事物直接刺激于人的感觉器官的神经末梢，引起传导神经的冲动，再传递给大脑皮层的中枢神经，于是感觉便产生了。各感觉器官都分工执行不同的反映职能。

人类产生感觉，必须具备两个条件：首先要有客观事物对人体感觉器官进行足够强度的刺激；其次是主体的觉察和接受外界刺激的能力。读者对文献信息的感觉，同样也应具备这两个条件，但由于各种原因，读者之间对文献信息的感受性差别很大。例如，文献相同，读者不同，就有可能会产生不同的反映，这是因为读者特定的文献需求、特定的心理素质、特定的环境和特定的职业因素所导致的结果。所以，读者的感觉是主观因素和客观因素相互作用的结果。就一般情况来看，读者对自己喜欢、符合需要的文献易于产生感觉。读者的感觉是阅读活动的开始。有了感觉，读者就会主动去了解文献的形式和内容，就会积极地进行认识活动。因此，读者的感觉对心理活动的认识过程有着极为重要的作用。

2. 对文献信息的知觉

知觉是人的大脑对于直接作用于感觉器官的客观事物做出的整体反映。如果说感觉是对客观事物进行具体的、特殊的直观反映的话，那么知觉就是将各种具体的、特殊的感觉材料进行理解综合，并加以解释，然后组合成具有一定意义的对象。因此，知觉是在感觉的基础上形成的，是多种感觉相互联系和综合活动的结果。感觉是知觉的基础，知觉是感觉的继续。

读者对文献信息的知觉，通常要受到主观条件和客观因素的影响和制约。读者的知识和经验直接影响着知觉过程。例如，当读者接触到某一专业领域的文献时，就会很自然地将自己原有的知识和习惯的感知方式联系起来，把感觉到的信息归到某一类知识体系中去理解。所以心理学认为，知觉是现实刺激和已存贮的知识经验的相互作用的结果，是确定人们接受刺激的意义过程。

在知觉过程中，读者的知觉通常体现出以下特点。

（1）知觉的选择性。知觉的选择性具体地表现在读者只挑选对自己有意义的文献作为知觉的对象。原因主要是：其一，读者在获取信息时，由于时间和精力的限制不可能把外部环境所有的信息一个不落地全部输入大脑，所以在输入刺激的信息时不得不进行选择。其二，读者知觉的根本所在是因为有特定的需要、兴趣和爱好，人们总是选择对自己有意义和有价值的客观事物进行整体认识。因此，读者的知觉过程具有明显的选择性。

（2）知觉的理解性。读者总是用自己拥有的知识和经验去认识文献，以求对文献内容进行理解。因为理解就是意识到事物的意义，是知觉的前提。知觉的理解性是通过人在知觉过程中的积极思维活动来实现的。任何知觉过程都是在以往的知识和经验的基础上达到理解，在理解的基础上实现知觉。文献记录了千百年来的人类知识，是人类知识的结晶。因此，对文献的知觉，尤其需要借助已有的知识和经验，来确认文献的范围和用途，理解文献的内容与意义。

（3）知觉的整体性。知觉的整体性是指读者把具体的文献作为一个统一的整体来进行知觉。知觉的对象是一种复合刺激物，由多个部分组成，各个部分又具有不同的特征。读者在对文献进行知觉时，并不是把这些部分割裂开来，孤立地认识，而是将其作为一个整体来知觉。例如，文献具有本质属性和非本质属性，读者对文献的非本质属性容易产生反映，如对文献的作者、书名、载体形式等外部特征能迅速地感知，从而进一步判断是一种怎样的文献，即达到对文献本质属性的认识。文献中的各种属性对形成读者知觉的整体性有着十分重要的作用，尤其是文献中各种属性之间的相互关系，在一定程度上决定了知觉整体性的效果。如文献的关键词、主题词等，能让读者形成对文献的整体印象，掌握其内容特征。读者对文献的整体印象都是在理解的基础上建立的，知觉的理解性往往决定知觉的整体性。

（4）知觉的恒常性。知觉的恒常性是指知觉的条件在一定的范围内发生改变时，读者的知觉依然保持相对不变。具体表现为当文献的载体形式、形状及外部特征发生变化时，读者仍然会从文献的内容上去了解它的本质特征。因此，知觉恒常性的意义就在于它可以使读者适应外部环境的变化，并从实际需要出发，充分吸收和合理利用文献的内容。

读者的知觉是在阅读活动的实践中产生、完善和精确的心理活动，对读者阅读的活动起到进一步深化的作用。它是感觉和思维之间的一个重要环节，是对感觉材料进行加工、为思维活动提供准备条件的过程。

3. 对文献信息的注意

注意是指心理活动对一定对象的指向和集中。它不是一种独立的心理活动，而是各种心理过程共有的特性。注意贯穿在整个心理活动过程中。读者的注意对于文献的选择和吸收有着重要意义。例如，读者对某一文献的"注意"，就会使他排除干扰，有选择地、集中地利用文献内容。正是由于注意的作用，读者才能使感觉向知觉转化，进而使知觉分析向信息加工和贮存转化，并在此基础上进行深层次的思维活动。

注意可分为无意注意和有意注意两类。无意注意是指一种没有自觉目的的，不需要任何努力的注意。有意注意是指自觉的，需要一定意志做出努力的注意，它服从于一定的工作和学习任务。

注意是一种有选择性的行为，表现出读者心理活动的倾向性。通常有以下几种情况容易引起读者的注意：①能够满足读者某种需要的文献；②与读者某种特殊感情有关的文献；③符合读者阅读兴趣的文献；④与读者的知识经验有联系的文献；⑤读者处于良好的精神状态。

由此可见，能够真正引起读者注意的事物大都与读者的主观状态有着密切的某种联系。因此，注意是决定读者整个认识过程的关键因素。为了有助于读者认识活动的发生和进行，图书馆应当采取各种方式和手段，引起读者注意，增强注意的效果。

4. 对文献信息的思维过程

思维[①]是在社会实践的基础上进行的。思维的工具是语言，人们借助语言把丰富的感性材料加以分析和综合，由此及彼，由表及里，去粗取精，去伪存真，从而揭示出事物的本质和规律。

读者的思维是指读者对文献内容特征进行间接的和概括的反映。它是读者对文献的心理认知过程。通过思维，读者能够发现和掌握文献内容的共同特征、本质属性，以及文献所揭示的事物之间的内在联系和规律。思维活动的基本特点在于它是通过读者已有的知识经验或其他事物为媒介，来概括地反映文献的内容本质，以及间接地理解和把握那些没有感知过的或不可能感知的事物。其意义则在于通过思维活动来认识客观事物或现象，获得精神上的体验和满足，并学习和积累知识经验，从而达到解决现实问题的目的。

读者对文献内容的思维过程是一个复杂的心理过程，是对文献进行分析和综合的过程，是了解并掌握文献之间内在联系和规律的过程。其目的和结果，是依靠人的思维能力，发现问题，把握问题，然后解决问题，并从中获得精神上的满足。

（二）阅读情感过程

阅读情感是读者在阅读文献时产生的心理体验。当阅读的文献符合读者需求时，读者就会采取积极肯定的态度，产生热爱、满足、愉快等内心体验。阅读情感是读者心理活动的一种特殊反映形式，贯穿于阅读心理活动当中，它能激发读者阅读的热情，对读者阅读行为有积极的意义。读者心理的情感过程是通过认知活动的"折射"而产生的，它通常受到以下因素的影响和制约。

第一，读者生理素质和心理素质的影响。读者的阅读情感受读者自身的生理和心理素质等主观因素的影响，表现出深刻、强烈的倾向性心理特征。如不同生理特点、不同心理倾向的读者，其心理状态就不同，因而导致了不同的情感状态。有的具有喜悦、愉快、积极的情绪色彩，而有的则怀有忧愁、悲观和消极等情绪。因此，保持健康而热烈的阅读情

---

① 思维是人脑对客观事物间接的和概括的反映。

感,对读者的阅读效果十分重要。

第二,文献外部特征和内容特征的影响。情绪和情感是人们认识客观事物所产生的一种态度的体验。它是一种心理活动的体现,并伴随着人们的认识过程而发展和变化。读者在阅读文献的过程中,一定会引起情感上的变化。只有当文献的外部特征和内部特征符合自己的需要时,才会产生阅读的冲动,体现出积极而且热烈的阅读情感;反之就会产生抵触、消极的阅读情感。另外,不能忽视的是社会环境的影响,不同的社会条件、社会历史环境及读者的生活工作环境,都决定了读者对文献的需求状态,因而影响和制约着读者阅读情感的发生与发展。

(三)读者的心理意志过程

意志是主动地确定目标,支配自己的行动,克服困难并实现预定目标的心理过程,是人类改造客观世界和主观世界,发展自身能力不可缺少的心理因素。

读者的心理意志过程是指读者在图书馆活动中表现出来的有明确目的、自觉主动的行动,努力克服各种困难,最终实现利用文献目的的心理活动过程。

当读者具有一个清晰的阅读目标,这个目标激起了强烈的阅读欲望、动机、兴趣,这些心理因素又调动起读者的视觉、思维、行动的一切内在潜力,从而进入到集中全力阅读及思索的过程中,而忘却其他与阅读无关的事情。这就是在意志的主导下产生的有明确目的和较强自觉性的行为,体现了读者心理活动的自觉能动性。

意志过程与读者的认知过程、情感过程存在着密切的联系。首先,读者的意志活动是建立在对文献信息的感知、注意、记忆、想象、思维等心理过程的基础之上。只有当读者充分认识到文献的价值时,才有可能选择各种方式、方法和途径,利用文献内容,实现意志所指向的阅读目的。同时,读者的意志又反过来促进认知活动的深入和拓展,促进阅读活动更加具有目的性和意向性。其次,读者的阅读情感影响着读者的意志过程,而意志过程反过来又对读者的心理状态和外部动作产生调节作用。

总之,读者心理活动的认识过程、情感过程和意志过程是读者阅读心理过程中统一的、密切联系着的三个方面。一方面,意志过程依赖于认识过程,但又促进认识过程的发展和变化;另一方面,情感过程影响着意志过程,而意志过程又能调节情感过程的发展和变化。三者相互渗透和联系,共同作用于读者的阅读活动之中。

三、读者阅读心理活动产生

阅读是人们在社会生活中的一种目的性行为。阅读的整个过程体现为个人的精神活动,它既是一个生理过程,又是一个心理过程。研究阅读心理,就是从读者心理的角度,具体研究阅读活动是怎样进行的,读者为何要阅读、阅读什么、如何阅读等。

（一）阅读心理活动产生的影响因素

读者心理活动的产生受多方面因素的影响和制约，但基本上是受到外部环境和自身需要这两方面因素的影响和制约。

一方面，读者所处的外部环境是其产生心理活动的基本条件，它可以影响、制约和作用于读者心理活动，并产生变化和发展。读者所处的时代和生活环境包括各种自然因素、社会因素，以及整个社会共同的道德规范和审美标准等。作为社会成员的读者，他必须学习和掌握必要的文化知识，具备一定的工作能力。社会在不断进步，社会对读者的文化素质的要求也在不断提高。所以，读者就必然要去阅读，获取知识，提高文化素质。当具备了较高的知识能力和工作能力时，才能在社会生活的某一领域找到自己的立足点，才能为社会做出贡献。读者的阅读心理活动明显受到社会生产发展和分配性质的制约，这是读者面临的客观现实。

另一方面，自身需要是产生读者心理活动的内在因素，是读者心理活动发展的直接动力。我们看到，来图书馆的每一位读者所反映出的阅读态度和阅读愿望，都与其个人的心理活动及个人的社会实践活动有着直接联系。读者为了实现自己的愿望、理想、追求，其基本方法和途径有着很大的相似性，那就是去学习，去探索，不断扩充知识、积累知识和掌握知识。这些目标，是激励读者进行阅读活动的强大动力。另外，每一位读者都会对自己的水平、能力和特长等方面有一个估计和评价，也会认识到某些不足和长处。为了使心目中的自我形象向着完美标准的方向发展，就必然要去拓展知识充实自己。

总之，读者在外部环境的触发和自身需求的推动下，其阅读意识和行为就会主动地、自觉地产生，这是激发读者参与阅读活动的重要因素。

（二）读者阅读心理的常见类型

读者在阅读活动中表现出来的阅读心理是多种多样的，以读者的阅读目的为标准，读者心理可分为以下几种类型。

1. 求知心理型

求知心理型的读者，以青少年读者和普通读者为主体，是各类型图书馆中最基本的读者。其中，又可分为直接的或主动的求知心理和间接的或被动的求知心理。直接主动的求知心理是由学习需求和学习过程的发展所引起的具有主动性特点的阅读行为，它表现为读者强烈的求知欲望和积极性，而后者则是由学习的结果所导致的阅读行为，这种阅读行为的被动性较强。

求知心理型的读者由于正处在学习知识的阶段，必然有一个循序渐进的过程。所以，在知识的扩大和深化上，都有计划、有步骤、分阶段地进行。因此，图书馆可根据其特点有针对性地提供合适的文献资料，使读者的求知心理得到满足。

2. 欣赏心理型

读者在学习、工作和研究之余，总是希望调剂一下自己的精神生活，要进行轻松愉快的阅读。由于阅读书籍、报刊既是文化娱乐活动，又是一种积极的休息，还能获得知识、受到教育和启发，所以得到了人们的普遍重视和热爱。从欣赏的角度、层次和情趣来看，因人而异，各有特点。这种欣赏心理类型的读者，对文献内容的需求上具有知识性、趣味性和广泛性等特点。如有的读者喜欢哲学著作，也喜欢历史著作，还喜欢文艺作品等，有的只喜欢天文学领域的著作。由此可见，有些欣赏与读者自己的职业有关，有的则与职业无关。

3. 研究心理型

从事科学研究活动的广大科技人员是研究心理类型读者的主体。他们具有专业理论知识，有一定的学术水平和研究能力，担负着具体的科研任务，有强烈的责任感和紧迫感。他们的探究欲望极强，是图书馆科技文献的主要利用者，阅读也是集中在与自己专业有关的文献上。图书馆应尽最大努力，为这些读者收集、整理并迅速提供所需的文献资料，让他们掌握所研究课题的最新信息，跟踪科技发展的前沿动态，早出成果。

在读者各种各样的阅读心理类型中，求知心理型和欣赏心理型，是具有读者阅读活动的普遍性和读者服务的共性特征的。而研究心理型在读者阅读活动中，是较为有针对性和带有个性的心理类型，它是在读者服务中值得重点研究和重点服务的对象。衡量一个图书馆的藏书质量，工作人员的素质水平、工作效率和服务的优劣，重点就是要看对这些读者服务的满足程度。我们研究读者的阅读心理类型，是为了进行读者的基本服务和重点服务做准备，也是读者服务工作的一个基本内容。

（三）读者的阅读动机

读者的阅读动机，是引发、维持其阅读行为并将之导向一定目标的心理过程，是激励读者去阅读的主观原因，是读者的内部愿望的表现。从心理学的角度来看，人的行为规律是需要决定动机、动机支配行为、行为指向目标。

阅读动机的出现，以阅读需要作为基础，它是阅读动机的直接动力。人的需要有物质方面的需要和精神方面的需要。我们讨论读者的阅读动机，就是要从人的基本需要及由此衍生出的阅读需要出发，分析研究读者在阅读过程中的表现，了解掌握读者的阅读动机和各自的心理活动，灵活运用不同的工作方式，为读者提供高质量的服务。

按照阅读动机所追求的目标来看，主要是为了满足读者提高科学文化水平，解决生产、科研、工作、学习、生活中的问题，丰富精神生活这三个方面的需要。

1. 学习动机

读者出于学知识，打基础，提高文化水平和业务能力的动机，来图书馆进行借阅。例如，大中小学生为配合教科书的学习，阅读一些参考书、课外辅导读物；大批青年为了升学考试、文化考核、业务技术职称的晋升等而系统学习基础知识和专业理论；为了扩大知识面而广泛浏览阅读各类文献；为了提高业务水平而深入学习专业知识等。此类阅读动机对图书内容的选择具体而明确。图书馆应大力支持和满足他们的学习欲望，帮助他们利用图书馆，完善他们的知识结构。

2. 解疑动机

读者生活在现实社会中，肩负着各种社会责任，他的收入、地位、荣誉等都与他的工作业绩紧密相连，这会促使读者不断努力。因此，当读者在科研项目、生产实践、社会交往及工作生活中遇到某种疑难问题时，就需要到图书馆寻求具体的文献、信息和技术、方法，来解决遇到的实际问题。他们有明确的目的和方向，表现出急切的需求愿望。面对此种类型的读者，我们应当重点服务，针对他们的特点，及时提供急需的文献资料，在最短的时间里，为读者建立一个满意的、解决问题的途径。

3. 娱乐动机

现代社会竞争激烈，生活节奏不断加快，各个领域的工作者都承受着极大的压力，为了缓解身心疲劳，人们对精神文化生活的需求显得十分迫切。各种娱乐活动可谓内容广泛，形式多样。而阅读是最经济、最高尚、最受广大群众欢迎的一种放松方式。持有娱乐动机的读者在对文献内容的选择上，最大的特点就是广泛性，在自己的兴趣所及，各类图书都会读一读。图书馆应积极主动地为读者提供健康、有吸引力的书籍，帮助读者选好书、读好书，进而使他们既放松身心又开卷有益。

四、读者阅读需求的类型

图书馆是社会发展需要的产物，这种社会需要的具体表现就是读者需求，图书馆就是以读者为对象的存在物。没有读者的需求就不可能有图书馆的生存和发展。我们研究读者需求，有利于图书馆工作人员业务水平和自身能力的提高，有利于完善和发展图书馆的各项职能，从而促进图书馆事业的发展。

读者需求是指读者对适用图书文献的寻求过程。它以读者的阅读目的为出发点，以其适用文献的取得为结果。此过程体现了读者与文献之间的关系，属于阅读行为的前期活动。取得适用图书文献的过程就是满足读者需求的过程。

"读者的阅读需求是多种多样的，并且随着时代的变革而不断变化。"[1]从不同的角度和标准出发，会看到各不相同的读者需求类型。各种类型的图书馆要根据各自的性质、规模和任务，认真分析读者需求的类型和特点，以便更好地为读者提供服务。读者阅读需求大体可以总结为以下几种类型。

（一）社会型读者需求

社会型读者需求，简单来说就是大家都在阅读类型相近的书刊文献。它明显地展示出时代特征和发展潮流的需要，此类读者需求不是个别的现象和主观因素造成的，而是社会需求和客观发展的趋势所迫。例如，当国家政策转变、社会转型的初期、某一新技术的普及应用等时期，许多不同职业、不同文化程度、不同兴趣爱好的读者群，会不约而同地阅读有关的书刊文献，这些文献就成为社会上的阅读热点。这说明读者的阅读需求从一个方面反映了社会政治、经济和文化状况，具有时代发展的特点。社会的政治、经济、文化诸因素会给读者阅读需求不断施加影响，甚至在阅读文献的版本、内容、需求的强弱程度及趋势等方面都会起着巨大的作用。这种社会型的读者需求呈现出的突出特点，就是读者在一个阶段对文献需求的数量较大，读者阅读的时间相对集中，使得某些文献数量暂时紧张，成为众多读者的阅读中心。随着时间的推移，社会潮流的变化，社会型读者需求也会随之发生转变，有的会从短暂的阅读需求变为持久的阅读需求，有的会发生转移，形成新的阅读需求。面对这种社会型读者需求，图书馆工作者要用敏锐的观察和科学的态度认真对待，要经常关心国内外发生的大事和社会发展的趋势，同时要分析这种读者需求的性质、规模、强度及时间的长短，掌握读者需求的发展方向，使读者的长久需要与现实需求充分地结合在一起。与此同时，应做好图书馆藏书的调配工作，加强图书的宣传，促进图书的流通，满足大量的社会型读者的阅读需求。

（二）专业型读者需求

专业型读者需求是指从事学习、工作、研究等专业活动的读者所提出的文献需求。这种阅读需求经常与读者自身的业务工作、专业学习和研究活动紧密联系。研究活动的开展确定了专业需求的范围、内容和要点。一旦满足了专业读者的需求，则使得读者在专业知

---

[1] 肖军，翁晓华. 读者阅读需求研究 [J]. 思想战线，2009，35（S2）：168-169.

识技能和解决具体问题的能力上有所提高，又会推动专业实践活动的进一步深入发展。由于专业型读者需求与其从事的专业实践在内容、目的、范围、时间上有一致性，因而体现出明显的职业特征，这种需求是为了解决面临的实际工作任务和难点，其需求的特点是专业性、资料性、咨询性。他们的阅读目的明确，干哪种工作，就阅读哪类文献，以求提高自己的专业知识和专业技能。

因此，在阅读活动中，各种行业、职业、工种的读者，按照自身业务要求，其阅读需求和阅读倾向比较固定，对文献内容的要求具有针对性。相同行业、职业、工种的读者，其专业阅读需求的指向差别不大，但由于年龄、文化、知识结构和素质的不同，就会在文献利用的侧重点，以及深度与广度上存在差异。一般来说，从事较为复杂的专业工作的读者具有专业阅读需求，而且需求的范围比较广、专业性强、水平较高、持久稳定。研究专业型读者需求的共性和个性特点，有利于更具针对性地做好读者服务工作。

（三）研究型读者需求

研究型读者需求是指为解决某一研究课题，完成所担负的具体研究任务而产生的阅读需求。具有研究型需求的读者往往围绕研究内容组织和开展阅读活动，以便了解课题的研究动向，掌握课题的研究水平。因此，这种读者需求所涉及的阅读范围具有长期的指向性和专业性，体现出较强任务规定性的特点。读者在研究课题的几个阶段中，根据不同的进展情况，提出对文献内容的范围和要求。

任何承担了科研课题的读者，受研究任务的制约都会表现出积极的研究型阅读需求。如在科研项目选题阶段，读者通过查阅文献，了解某一领域哪些研究课题具有现实意义且有待深入发掘；在调研阶段，通过普查文献，了解本课题的研究成果及动向，从中筛选可供参考的资料、数据、事例和方法，以启迪思路、开阔眼界、形成新的认识等。

（四）业余型读者需求

有许多读者在工作、学习之余，从个人的兴趣和爱好出发，自发地产生的一种阅读需求，这种需求称为业余型读者需求。业余型需求与读者的工作和学习一般没有直接的联系，它受自己个性心理因素的影响比较明显，反映了个人的爱好倾向及心理特征。与其他类型的读者需求相比，业余型读者需求是最为常见的读者需求，几乎所有读者都有这种阅读需求。如在人们遇到衣食住行方面的问题时，当人们想养身防病、锻炼保健、旅游、购物、化妆美容、适应社会、增长知识等时，都表现出这种需求。尽管这些是个人兴趣的表现，但受读者文化程度及素质品质的制约，以及社会、家庭、职业等多种因素的影响，业余型读者需求也会存在很大的不同，有些阅读需求成为读者个人发展方向的重要指导。因此，图书馆要善于发现和引导读者健康的业余需求，培养读者对科学技术、文学艺术的浓厚兴趣，使读者的阅读活动得以健康、有效地实现。

通过对上述各种类型读者需求的分析，我们可以找出他们之间共性和个性的特征。社会型读者需求和业余型读者需求，具有较广泛的社会性和读者服务的共性特征。而专业型和研究型读者需求，则具有读者需求的个性特征，这也是我们在读者服务中的工作重点。衡量一个图书馆的工作、文献收藏质量、工作人员素质水平、工作效率和服务能力的高低，就看它对重点课题、重点项目、重点读者需求的满足程度、服务速度和服务效果的层次好坏。我们研究和掌握了读者需求的主要特征，就可以对读者进行充分服务和区分服务。

第二章　图书馆读者服务及其体系构建

第一节　图书馆服务概述

一、图书馆服务的概念、本质及特征

（一）图书馆服务的概念理解

随着社会经济的发展，人类分工的不断细化，一方为满足另一方需求的社会活动——服务就必然产生，所以说服务是人类社会发展到一定阶段的必然产物。

人们对服务概念的认识是随着社会实践过程的发展而不断深化的。图书馆服务这个概念在现代图书馆工作中有着特定的内涵和外延，它反映了人们对图书馆服务工作本质属性的认识。阐明图书馆服务概念的含义对于开展图书馆服务工作和研究图书馆服务有着非常重大的意义。

这里所讲的图书馆服务，就是我们通常所讲的图书馆读者服务。但由于现代图书馆服务功能的扩大和服务形式的多样化，图书馆的服务对象在以传统读者为主体的情况下，已不单单局限于读者这个群体，而是已经扩大到其他需要图书馆提供各种类型服务的用户。因此，图书馆读者服务改称图书馆服务更为贴切和符合图书馆工作实际，也有利于我们对图书馆服务做深入的研究。

长期以来，图书馆界不但把图书馆读者服务混同于图书馆读者工作，对读者工作的研究代替了对图书馆服务的研究，而且读者工作研究本身就比较薄弱，最终导致我们在图书馆服务理论上研究不深、不远，在工作实践中没有切实把握图书馆服务的发展和运作规律，导致图书馆事业还不能完全满足现代社会对图书馆的功能要求和广大社会公众的文献信息及娱乐、休闲需求，使我们的图书馆工作一定程度上还不适应中国特色的社会主义建设事业的发展。

目前图书馆界同人对图书馆服务的界定是众说纷纭，处于不完全确定阶段。具有代表性的观点如下。

（1）图书馆根据读者的文献信息需求，充分利用图书馆资源直接向读者提供文献和

信息的一系列活动。同时，它把读者服务、读者工作和图书馆服务三者基本等同起来。

（2）图书馆服务简单地说就是为满足读者的信息需求而开展的各项工作，并把服务分为信息资源提供服务、信息咨询服务两大类，图书馆服务的内涵并不单单是指为满足读者的信息需求而开展的各项工作，还应包括图书馆的服务理念、服务质量、服务环境，以及在图书馆服务过程中工作人员的业务能力、服务态度等。

（3）图书馆服务是图书馆运用图书馆资源满足读者对文献信息需求的行为和过程。

（4）图书馆文献的使用和服务工作，以及用户发展、用户研究、用户培训等一系列工作称为图书馆服务，并把其作为用户服务工作、读者服务工作的同义词。

（5）图书馆将丰富的文献信息资源向社会、向读者传递就形成了图书馆特有的活动内容——读者服务。

从以上对图书馆服务的各种界定分析，现代图书馆服务具有几个共同的结构因素：一是图书馆的服务对象——以读者为主体的社会各种组织和个人组成了图书馆服务的用户，其中某些个人和单位可能还不一定是图书馆文献信息资源的利用者。二是图书馆资源，也可称为图书馆服务资源。它是图书馆开展服务的基础条件，包括文献信息资源、人力资源、设施资源，以及其他一切可以为社会和个人所利用的资源。三是图书馆服务以文献信息为主，包括其他各种形式的服务需求。四是为满足社会和用户需要的各种服务手段和方式，它是服务实现的前提条件。因此，综合起来讲，图书馆服务就是图书馆为了满足社会和用户的文献信息等多方面需求，利用自身的资源，运用多种方法所开展的一系列服务活动。这样一个定义，既符合目前图书馆服务工作的实际，又符合图书馆服务功能开放性发展的趋势，具有一定的前瞻性。

从服务营销学的角度，我们可以把图书馆服务看成是一种服务产品，一种称之为知识服务的产品，即以信息知识的搜集、组织、分析、重组的知识和能力为基础，根据用户的需求和环境，融入用户解决问题的过程之中，提供能够有效支持知识应用和知识创新的服务。由于图书馆服务大都是无形不可感知的，用户获得服务的过程实质上也是感知和体验服务的过程，具有很强的伸缩性。因此，必须把用户感知到的与图书馆服务的载体连接起来。

为此，图书馆"服务产品"这个概念，我们可以从以下四个层次来加以理解：①核心产品。它由基本服务产品组成，就图书馆而言，就是为用户不断地查询、分析、组织文献、知识和信息的过程。②期望产品。它与核心产品一起构成满足需要的基本条件。人们到达图书馆后，除获得文献、知识和信息外，还有一些附加元素，包括简单和方便的办证手续、准确而又简明的导引系统、舒适的等候条件、快速的检索和输出服务等。③增值产品。即得到的产品与其他产品的差别体现。图书馆提供的服务产品有别于其他产品的差别体现在图书馆关注和强调利用自己独特的知识和能力，对现有的文献进行加工，从而形成新的具有独特价值的信息产品，为用户解决他们不能解决的问题。④潜在产品。用户得到产品所获得的潜在利益和价值。用户在接受图书馆提供的服务产品同时，他们自身的知识积累和文化修养也得到提高，增加了用户感知的附加值。

上面谈到的四种产品中后三个层次（期望产品、增值产品、潜在产品）统称为边缘产品，有时也叫"附加服务"。

从图书馆服务是指图书馆利用其文献、设备设施等资源为人们的需求开展一系列活动可以看出，图书馆服务是人类社会活动的重要组成部分，贯穿于人类社会发展之中。从古代藏书楼到现代图书馆，随着社会的不断发展，其服务形式、服务内容、服务手段不断变化，但服务本质没有改变，即以文献资源为主体，为社会提供服务。

（二）图书馆服务的本质分析

系统论主张从系统整体出发研究系统与系统、系统与各组成部分及系统与外部环境的关系。如果将图书馆看作一个系统，则图书馆系统包含文献采集处理子系统、文献信息传递子系统、图书馆管理子系统、读者子系统四部分。在具体的图书馆工作中，我们在强调前三个子系统的同时，却忽略了衡量前三个子系统效益标准的读者子系统。一般来说，只有读者子系统与前三个子系统的相互作用才能显示出整个图书馆系统的活力，这种相互作用在图书馆工作中便体现在图书馆的服务工作上。一个图书馆对于读者的态度决定着读者服务工作的质量，这一切又影响到图书馆内部工作的展开。从系统的内部来分析，不重视读者工作的图书馆，系统总是处于超稳定的状态，即输入的文献信息总量大于输出的文献信息总量。

阮冈纳赞在"图书馆五原则"中一直强调图书与读者的关系，另一方面认为图书馆作为一个发展的有机体的存在必须是适应读者不断变化着的需求，图书馆的价值最终是为了读者而存在。如果一个图书馆失去读者，其价值体现也便失去依据，而衡量图书馆价值一般是从图书馆服务这方面来说的。我们可以看到，国外图书馆的一个良好传统便是：素来以读者至上。在英国，英国图书馆学术界和图书馆界对图书馆服务的基本观点是：为读者服务是图书馆存在的最终目的；图书资料只有被人们利用时才会转化为情报；信息时代图书馆的去向最终取决于读者服务的去向。美国大学和研究图书馆协会制定的图书馆标准明确规定：必须经常地教育读者有效地利用图书馆。有了读者，同时还有为满足读者不断变化的需求而服务的观念，便是完整的、有活力的图书馆系统。

第二次世界大战以后，世界形势发生了重大的变化，科学技术有了新的突破性发展。1946年，第一代电子计算机诞生于美国，带来了科学史上的重大革命。1954年，第一台计算机应用于图书馆，带来了信息的自动化，信息论、控制论、系统论等横向学科相继问世，为图书馆学与社会科学、自然科学的结合架起了桥梁通信技术、自动化技术等在图书馆和情报部门得到广泛应用，文献类型日益增加，文献数量急剧增长，人类社会开始进入信息时代。而信息时代的根本特征之一是社会化，在社会化过程中，图书馆与社会的政治、经济、文化、教育乃至人们的日常生活联系得更为广泛和深刻。

图书馆的服务观念和服务工作有一个缓慢的发展过程。在漫长的发展过程中，由最初形式的藏书开放，逐步发展外借、阅览等流通方式；由只为少数学者专家服务，发展到为广大民众服务，由单纯的流通书刊，发展到宣传图书，指导阅读；由被动地提供文献的资料，发展到主动开发信息资源。这是一个由低级向高级、由简单向复杂、由被动向主动的历史发展过程。每个发展阶段都使读者服务工作向更高的水平迈进。

从服务观念和服务思想上来看，在强调文献的提供和传递作用的同时，必须强调对读者的教育作用。从历史发展来看，凡是比较强调图书馆服务工作的教育作用，把读者服务作为一种教育人民的手段来看待的，那个时期的服务工作就比较深入，也比较丰富和活跃，取得的成绩也比较明显和突出。所以，在读者服务工作中抓住教育作用这个重点是提高服务质量的关键。

由于读者服务工作是利用书籍来进行宣传和教育的工作，因此，它总是与各个历史时期的政治、文化息息相关。从上述我国近代图书馆读者服务工作的发展简史中，透过这个小小的窗口，也可以窥见中国近现代社会历史发展的一斑。

当前世界新技术革命的浪潮冲击着各行各业。作为信息交流中间环节的读者服务工作，必然会受到深刻的冲击和影响。我们必须掌握时机，一方面要在认识上赶上形势的发展，提出新的服务观念和服务思想；另一方面要抓紧应用新的科学技术来装备和发展图书馆事业，促使读者服务工作向新的方向和水平进军。

传统图书馆的服务以文献借阅为主，而在信息网络时代的图书馆应力图突破这种局限，强调图书馆的多功能创新服务，即图书馆要深化文献信息资源服务，不仅提供文献单元服务，还要提供信息知识服务，接受各种咨询，解答各种问题。同时，还要扩大服务内容与服务领域，积极为大众提供休闲、审美、交流、健身、学习等多方面的服务。在信息化社会，图书馆服务的本质不但强调图书馆服务多功能，还要注意加强特色服务，特色服务的基本前提是每一个图书馆都应该建设出自己的馆藏特色，以展示自己存在的个性，同时馆藏资源以某一学科领域以及相关文献为范围，在服务上有针对性，服务方式灵活新颖。图书馆因其馆藏的专一性，可以在信息知识服务上迅速形成"垄断"地位，提高服务的权威性及保障率。

在现代社会，图书馆服务是一种有着丰富内容和重要意义的工作，它是图书馆工作的主要组成部分，是图书馆这个组织联系社会与用户的桥梁，是图书馆工作的最终价值体现，是图书馆工作的出发点和最终目的，也是图书馆为社会的物质文明、政治文明和精神文明建设作应有贡献的主要途径和手段。图书馆是文献信息的服务中心，而图书馆员作为信息资源的管理者，无论对传统的印刷品信息资源，还是对现代化的电子出版物及网络信息资源，都应利用其自身的知识和技能进行有序的管理，主动搜选编辑、加工提炼生产再创信息，以便向用户提供快捷的、高质量的、针对性强的信息资源；成为信息资源管理的专家，在信息社会中扮演并担负起"信息导航"者的角色，辅导读者合理利用文献信息资源，引导读者以最快最佳的方式查找所需文献，并且在整个服务过程中，要遵循"省力原则"，要了解到"查找、利用方便"是吸引读者的关键。在新时期我们应积极构筑全新的知识服务平台，提高信息用户的信息意识和信息能力，以读者为中心，只有这样才能赢得更多的读者。

在图书馆事业的发展中，应逐步确立"以人为本"的服务思想。图书馆各项工作的最终目的是为读者提供服务，读者对文献信息资源的使用情况和满意程度是评价图书馆业绩的重要指标。在当前网络环境下，图书馆如何站在读者的角度，想读者所想，急读者所急，只有充分利用各种现代手段和资源，及时了解并解决读者提出的各种问题，与读者建立起一种相互依赖、相互支持的关系。

信息技术迅猛发展，互联网席卷全球，说明信息资源共享、信息服务的网络化已经是不可逆转的潮流。网络环境给图书馆的服务工作带来了前所未有的机遇，同时也带来了挑战。网络环境为图书馆服务提供了得天独厚的良好机会，图书馆应抓住这个机会，对信息资源的收集、加工整理、服务赋予新的内容和方式。图书馆的整体组织、人员安排、业务流程都要不断适应网络环境的要求，传统的服务方式可以利用网络环境来发挥新的效益。例如图书馆的查询、外借预约、馆际互借等服务，可以通过网络功能实现。但是要实现网络环境下对图书馆服务提出的高水平、高质量的要求，必须对图书馆员的知识结构提出新的更高的要求。在信息服务的过程中知识技术含量加大，向智能化发展，图书馆从事读者服务工作的专业人员在工作方式、工作价值、工作效率、工作成果等诸方面将发生质的变化。

因此，为了方便读者在馆内借阅方便快捷，就要提高图书馆员应用计算机网络通信等技术的能力。由于现代信息技术在图书馆的广泛应用，在网络环境下图书馆与信息用户发生了新的变化，随着用户自行上网检索的增多，需要馆员服务的机会也逐渐减少，图书馆员必须转变观念，提高认识，由过去那种检索服务转变为检索服务和指导服务并重，这就要求馆员必须对网络环境的检索工具、信息资源、使用方法，包括计算机日常操作、信息检索技术、网络技术、信息存储技术、系统开发与维护等，比一般用户有更多更全面的了解，以保证在计算机网络环境下，顺利进行信息处理工作，而且可以利用网络转变图书馆与读者之间原本传统的交流和沟通方式。网络环境下图书馆工作人员必须彻底转变旧的服务理念，重视"人"的因素；以读者为中心，真正树立"读者至上，服务第一"的观念，自觉做好读者服务工作，更好地服务于读者。

（1）在服务中要融入参考咨询。参考咨询是图书馆开展信息服务工作的重要途径。一线馆员不能仅仅停留在借还的水平上，而应该将咨询服务工作融入读者服务工作的各个环节，及时为读者答疑解难，最大限度地满足读者对文献信息的需求。

（2）在服务中要做到换位思考。站在读者的角度去思考问题，就会更深切地理解读者的心情，想读者之所想，急读者之所急，就会大大提高我们的服务质量。

（3）在服务中要坚持一视同仁。这里指的是要公平对待每位文献信息利用者。要时刻牢记每一个公民都应该享受到公平公正的待遇，应当区别不同需要为其平等地利用图书馆提供最佳服务。

（4）在服务中要自觉用心服务。这里的用心服务包括热心、耐心、爱心和细心。为读者服务要满腔热情（热心）；服务读者要"百问不烦，百答不厌"（耐心）；接待读者要时时处处为读者着想（爱心）；服务读者要把工作做细做精，让读者在细微之处体会到馆员的真诚服务（细心）。

（5）在服务中要注意交流沟通。馆员可以利用直接为读者服务的机会，了解读者信息需求及对图书馆工作的建议，并在交流中研究其阅读心理和阅读需求，区别不同情况提供不同服务，做好知识中介、信息导航的工作；还可以利用定期举办读者座谈会，设立读者意见簿等方式，与读者交流沟通，以便倾听读者意见，提高服务质量。可以利用网络加强图书馆与读者交流沟通的方式。多年来传统图书馆与读者交流沟通的方式一般有以下几种：面对面交流，主要是在书刊借还过程中工作人员与读者的接触和交谈；在图书馆内设立"读者意见箱"获取读者的建议事项；利用问卷调查，通过流通阅览数据的分类统计，分析读者对所需资源的意向。传统图书馆通过多种形式与读者进行交流和沟通，对于研究读者阅读心理，把握读者实际需求，增进读者对图书馆的了解，提高文献资源的利用率，都起到了一定的促进作用。但是，由于受到工作方法和工作手段的限制，传统图书馆与读者交流沟通的面比较窄，难以做到深入、及时、互动、持久、有效，因此有待提高。

然而，随着知识经济时代的到来和知识的多元化，读者对图书馆的需求呈现多样化的趋势，信息技术的发展和计算机的应用也使图书馆的工作方式和服务模式发生了质的变化。图书馆联机书目信息系统的建立，为现实馆藏的展示和利用开辟了快捷的服务通道；同时，各种各样的电子文献数据库及网上资源逐渐成为读者获取信息的重要途径，越来越多的读者热衷于通过计算机网络获取信息资源，解决在文献资源使用过程中遇到的各种问题。为了使读者更好地了解和利用图书馆的现实馆藏、虚拟馆藏及各种服务，置于网络环境下的图书馆都在利用其主页，加强自身宣传和对读者的指导，并开始利用现代网络技术展开与读者的交流和沟通；在分析了当前图书馆存在的问题及读者的信息行为的基础上，图书馆利用网络有针对性地构建了新的信息服务机制，按用户的信息需要和信息行为来设计信息服务内容、服务方式、服务推销等，从而改变以往信息服务内容面狭窄，服务方式单一、僵硬，服务系统不全面的状况；全面提高服务人员的素质，以提高服务质量和水平，定期对网络服务人员进行培训和再教育，使其掌握先进的现代信息技术，不断更新知识结构，提高服务水平。积极研制和开发方便、易用的信息服务系统，使读者产生亲切感和信赖感，大大满足读者信息行为中的现实需求和信息提问；针对不同的读者开展专项服务，如利用电子邮件进行联系，用于回答读者在使用图书馆过程中遇到的实际问题，促进问题的及时解决；让读者直接参与文献信息资源建设，设立"新书推荐"，提供新书书目信息，请读者直接在网上进行选择等，使不同层次不同专业的读者均能在图书馆得到满意的服务。

图书馆服务是图书馆发展的基础，也是图书馆生存的根本，只有做好服务工作，才能充分发挥文献资源的价值，实现图书馆的社会功能，才能有图书馆美好的生存和发展前景。所以，图书馆员的服务不再是传统的书刊资料的保管员和外借员，而是要面向社会各层次人员，为他们提供全方位、多层次的信息服务。要抛开传统思维定式，从思维方式上快速与知识经济接轨，以适应时代所需。每一位图书馆员应立足于丰富多彩的图书馆实践，通过捕捉，发现实践中的问题，对其加以创造性的研究，为发展和完善图书馆增砖添瓦，成为发展和创新图书馆工作的一支重要力量。

（三）图书馆服务的主要特征

现代图书馆读者服务工作正在凸现出一些与以往不同的特点，特别是网络化的时代，网络技术的发展和应用，使图书馆向数字化、网络化和虚拟化发展，导致图书馆传统观念的变化。随着网络时代的到来，作为人类知识宝库的图书馆正在发生着深刻的变化，它不再仅仅是保存和利用图书的场所，而逐步发展成为人类的知识信息中心。在网络环境下，图书馆的地位将大大提高，图书馆的服务必将成为图书馆建设最为重要的内容。

网络环境下图书馆的信息服务是一种高效的网络化、数字化服务，是现代信息服务的高级形式，它在服务理念、服务内容、载体形式、服务策略与方式等方面都有别于传统的信息服务，其主要特征如下。

第一，服务理念的信息化。信息服务首先是一种观念、一种认识和组织服务的理念。信息服务理念是开展信息服务工作，确定信息服务策略、方式与模式的思维准绳和理论基础，是信息服务的灵魂。知识经济的迅速发展及用户在网络环境下呈现出对知识的迫切需要，促使图书馆必须在知识服务层面上下功夫，有效地收集、组织、存贮信息资源，根据用户的需要对信息资源进行深层次开发，挖掘其中隐含的知识，提供解决问题的知识。信息服务的价值主要体现其为社会经济发展提供服务的知识含量而非简单的信息数量。

第二，服务内容的知识化。服务内容的知识化是以信息用户的需要为目标，将图书馆信息服务的工作重点从文献利用转移到知识运用上，强调信息资源的开发与利用，为信息用户提供的不仅仅是信息线索及相关文献，更主要的是从复杂的信息资源中获取到的解决现实问题的信息知识，将这些知识信息融合和重组为相应的问题解决方案，并将之转化到新的产品、服务或管理机制中。

第三，服务载体的网络化。网络环境，以数字化资源为基础，以网络技术为手段，实现了跨越时空的资源的共建共享。图书馆的馆藏不仅包括各类载体的本地数字信息资源，而且包括大量网上的虚拟数字信息资源；互联网的真正价值就在于可以通过四通八达的信息高速公路快速传递信息资源，它彻底地改变了传统的信息提供和获取方式，将分散于不同载体、不同地理位置的信息资源以数字方式存贮起来，并通过网络相互连接，实现了真正的信息资源共享，用户可以根据自己的需要，自由地访问那些适合自己的信息资源，极大地增加他们信息资源的拥有量，进而提高了整个社会的信息获取能力。网络化图书馆的建设，打破了传统图书馆的封闭服务理念。通过局域网、CER-NET和Internet互联，实现网上各种数据库资源的共享。通过网络资源的共享，图书馆的服务范围不断扩展，形成服务的无区域化。无论国内还是国际，这种变化趋势的进程都在加快。目前大多数图书馆已经同Internet联网。这种变化的最终目标是摆脱图书馆仅为特定读者群体服务的思想束缚，向社会开放，开展多种形式、多种渠道的信息服务，满足社会对信息的需求，更好地为社会各界服务，形成"大图书馆服务于大社会"的理念。

第四，服务方式的多元化。网络环境下，数字文献的服务实现了网络化，用户可以通过信息网络同时进行访问、检索和下载，如利用数据库开展定题服务、课题查新或追溯服务等都是数字图书馆为用户提供服务的重要方式图书馆在网上发布各种文献资源的消息，不断地向用户提供所需要的信息和知识，用户可以在任何一个地方通过终端以联网的方式查找所需要的信息。数字信息的检索技术不再单纯地采用传统图书馆中惯用的关键词及其逻辑组合的方式，而且可以通过智能式人机交互方式来检索信息。图书馆利用互联网上的虚拟信息开展信息服务，主要包括利用互联网上的各类网站和搜索引擎按学科或专题建立网上学科导航站或学科指引库，并存放于某一网页，引导用户浏览或检索相关信息；利用互联网上的各类网站和搜索引擎按学科或专题搜集、下载、筛选、分析、重组、整合以建立专题数据库，然后向特定的用户提供服务。用户可以通过自己的语言不断地与系统进行交互，逐步缩小搜索目标，获取自己所需要的文献资料。

第五，服务中心的转变。这一转变主要体现为图书馆管理上的人性化转变，即图书馆在注重信息服务的同时，开始注重人文环境的建设。在信息服务方面，在提供传统图书借阅服务的同时，重点加强网络建设，突破图书馆的时空限制，延长服务时间，拓展服务空间，为各类读者获取信息提供快捷、方便的服务；加强信息的收集、加工、组织，提高网络馆藏信息的数量和质量，为读者提供充分、有价值的信息资源。在人文环境建设方面，图书馆应有效利用数字化和网络化技术，减少图书馆的馆藏空间，相对扩大读者的学习空间，创建舒适的学习环境，提供资料检索、查找、复印、装订等自助式快捷服务，同时建立读者同图书馆的有机联系，使读者特别是学生离不开图书馆。例如，澳大利亚的墨尔本大学，把学生证与借书证一体化，同时在入学时由图书馆为每个学生注册一个校园电子信箱，为学生提供在图书馆借阅图书的信息，同时学生可以通过电子信箱预约图书。

第六，服务态度的主动化。服务是图书馆的基本宗旨，是图书馆的核心功能。网络环境下图书馆的服务已经由传统的被动型服务向主动型服务转变，这种转变已经发展成为现代图书馆的主要特征之一。这种转变趋势主要表现在三个方面：一是图书馆的服务方式由信息储藏向信息加工和传递转变，使图书馆成为读者获取最新信息和知识的来源；二是主动为科研服务，使图书馆成为国内外新学科、新领域、新课题、新动态、新技术成果的跟踪者和信息提供者，发挥信息的时效性，为读者特别是科研人员提供及时、准确的服务；三是主动参与市场竞争。图书馆发挥自身的信息优势，改变被动服务方式，树立市场观念，主动参与市场竞争，根据市场需求，为社会各部门提供各种信息服务。

第七，阵地服务与网络服务并重。在传统阵地服务的同时，现在，几乎稍有规模的图书馆都有了自己的网页，清华大学图书馆、上海图书馆、中山图书馆等都先后开展了网络参考咨询工作，国家图书馆和上海图书馆的网上文献传递工作也与日俱增。而网上借阅、网上讲座、网上咨询、网上文献提供、网上读者信箱等，网络已经成为现代图书馆生长着的有机体中的一个不可或缺的组成部分，它连接着被认为是图书馆的三大要素的藏书、读者和工作人员，从而使网络服务与传统的阵地服务互为补充、等量齐观，且已经并将愈益表现出其无限的生命力。

第八，突破时间和空间的限制。服务时间的限制、服务空间的限制一直是读者服务不能实现方便读者的跨越式发展的两大障碍。而借助于信息技术的支撑，图书馆已可以向读者提供24小时的"全天候"服务；服务的触角也已延伸至全国，以及世界各个国家和地区。读者与图书馆员之间从来没有像今天这样"天涯若比邻"，虽远隔千山万水，但如同近在咫尺，即时的咨询问答等服务方式使远距离的感觉不复存在。人们已经并将可以通过图书馆来实现这样的服务愿景：即任何读者、在任何时间、在任何地点、可以利用任何馆藏并与任何参考馆员联系进行其所希望的个性服务。

第九，资源无限带来服务无限。当数字化的技术将传统介质的文献转化为数字信息，在网络通信技术的帮助下使全世界各图书馆及其他机构的数字信息连为一体时，人们真正感受到了资源的无限，以及由此而产生的图书馆读者服务空间的无限广阔。一些馆藏并不丰富但善于利用社会各类信息资源的图书馆在近年来做出了惊人的成就，使传统对馆藏数量及建筑面积的追求开始改变，资源共享的理念更加深入人心。

第十，功能拓展带来服务延伸。当代图书馆的发展在其原有的文献典藏、知识交流、文化教育及智力开发功能的基础上，其终身学校、文化中心、信息枢纽的功能开始显现，虽然这些功能与原有的功能可能有重合的部分，但这些功能却显示出其强大的生命力，使图书馆的读者服务不断得到延伸，服务空间不断得到拓展，服务平台不断得到扩大。以讲座为例，国家图书馆的部级领导干部历史文化讲座、上海图书馆大型宏观信息讲座等都是将服务的触角延伸向了社会，在发挥图书馆作为市民的终身学校方面显示出了其勃勃生机。

第十一，个性化服务的需求越来越突出。目前，越来越多的读者群体在服务上就体现出了个性化的需求。而网络技术的发展为自助性的读者服务提供了许多途径和服务内容，而在这样的服务过程中，读者的自主性得到张扬，个性化得到满足。

第十二，便捷服务的要求越来越高。方便快捷是广大读者对图书馆服务的基本要求。信息化时代最重要的就是速度。为读者节约时间已成为一种服务理念，如有的图书馆提出了为读者的限时服务，尽可能缩短读者在借阅中的等候时间。许多图书馆向读者主动提供了个性化的、快速的、高质量的、标准化和规范化的服务，特别是在第一时间提供了最新的各类文献和信息；同时，在读者导引、空间布局、文献提供、网上咨询等图书馆服务的每一个环节和业务中体现出了效率与质量。

二、图书馆服务的理念

所谓"服务理念"其实就是一种无形的服务产品，它同其他有形的产品一样，也强调产品要能够满足不同的消费者需求。消费者需求在有形产品中可以转化成具体的产品特征和规格。同时这些产品特征和规格也是产品生产、产品完善和产品营销的基础，但是这些特征和规格对于无形的服务产品来说就犹如空中楼阁一般。

（一）图书馆服务理念的内涵

理念即一种理想和信念，是为追求和实现某一目标而奋斗的思想信念。服务理念是人们从事一切服务活动的主导思想，是服务活动的核心、灵魂所在，是体现服务价值的基础，是规范服务活动的准则，同时也是人们对服务活动的理性认识。它包括服务宗旨、服务原则、服务目标、服务方针、服务精神、服务使命、服务政策等。服务理念还具有前瞻性、继承性、传播性、公开性、一贯独特性、顾客导向性、挑战竞争性和深刻性等特征。

图书馆理念往往是对优秀图书馆人的经验特别是其成功经验的高度概括和系统化；图书馆理念是图书馆人言行的指南，它约束着图书馆人不做与之不符的行为，指导着图书馆人去做与之相符的事情；先进的图书馆理念能有效地推进图书馆改革与发展。图书馆理念在某种程度上也是一种创意或新的图书馆观点，不论是寻求理念的过程还是它确立后的行为都能引导人们破旧立新。图书馆理念是图书馆观点和图书馆经验的浓缩和代表，也是一种图书馆理论与思想的代表。

图书馆服务理念是指图书馆围绕读者服务工作的基本方针，是一个图书馆的办馆宗旨、原则、目标，是图书馆的服务方式、服务内容、服务态度等的体现，是图书馆一切服务工作的指导思想、理论基础、前进方向和行动准则，它代表着一个图书馆的服务形象，是图书馆服务形象的关键所在，是图书馆工作的核心，是图书馆的标志。它告诉读者"图书馆是什么""图书馆服务依据是什么""在图书馆能获得什么"。它可以体现出该馆的发展观、质量观和人才观，衡量出一个图书馆的办馆水平。

藏书楼—图书馆—数字图书馆，经历了漫长的发展历程，随着计算机技术、信息技术、网络技术在图书馆的应用，使得图书馆的职能、服务方式等发生了重大变化，使得传统图书馆基本摆脱了手工操作方式，逐步走向管理自动化、信息资源数字化、服务网络化的新模式，传统图书馆正在向数字图书馆迈进。可以说，信息技术的应用为图书馆创造了一个全新的、更高层次的生存环境和发展空间。然而，从本质上说，它并没有改变图书馆的根本属性——服务，服务是图书馆的天职，是图书馆的生存之本。

新技术的应用无疑给图书馆的传统理念带来了挑战，这就决定了图书馆服务理念作为图书馆无形的服务新产品也必将经历变革和洗礼。在图书馆仅为"藏书楼"时期，"重藏轻用"便是图书馆的办馆理念，后来，图书馆逐渐成为人类知识的传播者，甚至具有其他机构无法替代的作用和优势，做好"为人找书，为书找人"就是最大的价值体现和终极目标。然而，信息产业的飞速发展早已打破了图书馆的信息垄断地位和一切优势，我们不得不站在知识经济的高度和图书馆生存发展的高度，重新思考。

（二）图书馆服务理念的作用

1. 有助于促进图书馆服务有形化

图书馆作为一个服务组织，其服务理念一般都包含有两种：一种是"外显"形式，通常我们所说的以文字或是符号信息所显示出的有形化信息，诸如"用户至上，服务第一""一切为了读者"等，它是图书馆服务活动的导向依据。另一种是"内隐"形式，它存在于服务人员内心深处，是人自身内在的、未显形化的一种思想意识。这种"内隐"的思想意识只有通过"外显"的有形化自信的导向，使其成为一种自觉意识"外显"出来。图书馆要想搞好服务工作，提高服务效益，光靠"外显"的服务理念是不够的，必须将人内在的未显形化的"内隐"服务理念变成一种自觉的、"外显"的服务理念，只有两种服务理念相结合，才能更好地为用户提供服务。

2. 有助于促进图书馆服务特色化

什么样的服务理念造就什么样的服务特色。从古至今，"服务至上"是图书馆界履行服务的理念。当前许多图书馆将"读者至上,服务第一"作为该馆的服务理念,这类大众化的服务理念体现不出该馆的服务特色。不同的服务理念体现出不同的服务特色,造就不同层次的图书馆。诸如深圳图书馆"开放、平等、免费"的服务理念,深圳南山图书馆"关爱、无限、完美、超值"的服务理念,山东图书馆坚持的"一切为了读者"的指导思想,河南图书馆"读者至上,服务第一,敬业爱岗,创新务实"等服务理念都具有一定的特色,给读者留下深刻印象,无疑这些理念在服务方向上也较为明确。这些不同的服务理念对图书馆工作产生了纲领性的指导作用。

3. 有助于激发员工的积极性和创造力

图书馆随着社会文明和技术进步已形成了多层次的服务理念,这些服务理念也不再是一个单纯的口号,而成为社会竞争的准则。先进的服务理念,必然形成生机和活力,必然会激发馆员的积极性和创造力,要求服务人员从多角度出发,从用户的需求出发,使图书馆在激烈的竞争中,用更优质的服务来最大限度地满足用户多元化的信息需求,从而大大地激发了图书馆员的潜在活力。人的创造力来源于自身的理想、信念,来源于自己对事业的热爱和追求,来源于行业理念,图书馆馆员在图书馆服务理念的指引下才会充分发挥自己的聪明才智,不断地去创新、去开拓、去提高服务质量。

4. 有助于引领服务行为,体现价值取向

图书馆服务理念主要是用来指导服务行为的,它对内外公开,让用户对图书馆有更多的认识和了解,它不但能引导用户对服务人员的服务行为进行监督,而且还能统一服务人员的服务思想和行为,以此来规范服务人员的服务态度。图书馆员工在服务理念的引领下,形成乐观、向上、积极进取的人生观、价值观。自觉热爱图书馆事业,以满足用户需求为荣,以热忱服务、高质量的超值服务作为自己一生最大的价值体现。

5. 有助于增强图书馆可持续发展的核心竞争力

现代社会,各行各业都在着力打造自身的核心竞争力,网络环境下,图书馆早已失去了信息垄断地位,图书馆面临着严峻的挑战和竞争。20世纪甚至出现了"图书馆消亡"论,如何实现可持续发展、如何增强其核心竞争力就显得尤为重要和迫切。服务理念影响和决定着图书馆人的思想高度,指导图书馆制定发展规划和战略目标,而发展规划和战略目标往往决定着图书馆的核心竞争力。

(三)图书馆服务理念的多元化

随着时代的发展和新技术在图书馆中的应用,随着用户对图书馆需求的多元化,现代图书馆就应有新的服务理念来指导图书馆的服务工作,以服务为宗旨发挥图书馆的各项职

能，全面促进图书馆事业的发展进步。

1. "以人为本"理念

"以人为本"理念是人文思想的产物。人文思想的起源可以追溯到古罗马的西塞罗，演变到中世纪以后逐渐成为一种精神，一种使人更富于人道的精神，体现为一种价值观、思想态度，它认为：人与人的价值是首要的，凡是尊重人、重视人、承认人的自由意志，为人的幸福而奋斗的态度，都可以说是体现了人文精神。

在网络化、信息化、数字化的背景下，树立"以人为本"的服务理念，对于推动图书馆事业的全面发展，拓展图书馆服务领域，提高图书馆服务质量都有着重要的意义和作用。

以人为本就是要把人民的利益作为一切工作的出发点和落脚点，把人民群众作为推动历史前进的主体，不断满足人的多方面需要和实现人的全面发展。以人为本具有十分丰富的内涵，包含了必须以人的需要、人的合理和谐生活、人的平等自由等内容。以人为本的理念是人类社会和历史发展所永远不可逾越的最根本规律。以人为本应成为现代图书馆的服务理念。

图书馆作为服务机构，它的服务对象是广大读者、用户，以人为本的服务理念将贯穿图书馆的全部工作；服务用户，方便用户，为用户提供快捷、高速的信息服务，满足读者的需求，是图书馆服务的出发点和归宿点；应以"读者是否满意"作为衡量和检验图书馆服务工作的主要标准之一，提高读者满意度，并将其作为读者服务工作的品质目标。

现代图书馆之所以要树立"以人为本"的服务理念，究其原因归结起来有以下几方面。

第一，科技发展的必然。从工业社会到信息社会再到知识经济时代，知识无所不包，可以说经济渗入知识，知识渗入经济，当然也融入了现代图书馆。如现代图书馆依然以传统的服务模式，显然与时代潮流不符，这就必然使得图书馆从服务观念到服务模式进行变革与创新。

第二，市场经济模式的影响。实践使我们清楚地看到，"市场化"是一股不可抗拒的力量，而且带来了积极的巨大的影响，如竞争机制的建立。企业家要保持其在市场上的竞争力，就必须时时在经营运作上瞄准市场的变化，把握如何盈利的策略，以提高抗风险的能力，特别是要建立以消费者为导向的机制，为消费者提供最周到、便利、满意的优质服务。这是我们看到的企业家们重视服务策略、以消费者为中心的兴业之道，这对图书馆乃至各行业采取以服务为利器，面向广大读者和大众的方略，既树立了榜样，也是很好的借鉴。

第三，图书馆发展的趋势。就图书馆本身而言，也理应高度重视服务。这是因为图书馆的发展日新月异，实现了电子化，取得了数字化、网络化成就之后，如何转化为造福社会大众的财富，如何转化为推动社会生产力的发展，这是图书馆人必须思考、不可回避的问题。图书馆历来靠资源优势求其发展，赢得竞争能力，但更要靠自己的特色、相关行业不能企及的服务创新与服务优势来发展，来提高自身的竞争力。因此，图书馆必须重视其服务理念。

基于以上诸多因素，现代图书馆在现在和未来的开拓和发展中，应高度重视服务理念和服务品质的升华，搞好服务。在现代图书馆发展中，我们既要注重技术化发展，同时，应当强调技术中人的主体性。事实上，人文主义精神曾经是而且应当是图书馆发展的合理内核和终极目标。也可以说，图书馆应当培育内在的人文精神，图书馆的服务理念要"以人为本"。要使传统的以信息、知识、藏书等为核心，转向以"人"为核心，以满足广大读者的需要为宗旨。

2. 多元化和多样化服务理念

随着科学技术发展的同时，用户获取知识和信息的途径和渠道也越来越广，读者的阅读方式和内容均呈现出多元化和多样化趋势。除了传统的纸质阅读外，还要直观、形象地从 VCD、DVD、广播、电视、视频资源、网络和其他各类图像传播媒介中轻松获取信息，这些媒介既能跟上现代的生活节奏和潮流，而且还能使读者通过欣赏、休闲、放松等方式来获得所需信息，从而缓解生活的压力。所以在多媒体和网络时代，在各类新的媒体阅读形式逐步扩大的同时，图书馆应加大各类信息资源的建设工作，促进图书馆为读者信息提供更多的阅读选择，同时也为读者提供更多的服务。在服务时间和空间上从有限变无限，服务方式上从单一变多样，使图书馆呈现出多元化的发展前景。

3. 竞争服务理念和协作服务理念

图书馆作为人类知识和信息的传播和服务机构，随着报纸、期刊、广播、电视、网络、信息咨询机构、书店及其他相关服务组织机构的普及和发展，特别是网络信息资源的巨大冲击，其生存条件面临着重大的挑战和竞争。在上述竞争机构中，报刊、网络和书店与图书馆的竞争较为明显。而随着现代通信技术、网络技术等高新技术的发展和普及，人们的阅读方式也发生了改变，逐步向网络迈进，网络不受时间空间的限制，能够快速使用户获得所需信息，为用户节省了大量获取信息的时间，人们对信息需求的第一获取途径再也不是图书馆。另外，各类书店及读书组织所提供的购书和阅读环境得到了前所未有的改变，这些机构纷纷采取了多种方式为人们提供人性、方便、灵活的服务，深受读者欢迎，更加广泛地吸引了广大读者。

面对挑战和竞争，图书馆应该充分利用自身的资源优势，在服务工作中转变观念，变被动为主动，强化竞争意识，进一步做好信息的开发、搜集、检索、分析、组织、存取、传递等工作，在网络建设上，加快网络化和数字化建设步伐，提高员工的素质和业务水平，提高服务质量，确保图书馆在竞争中处于不败之地。

在丰富多彩的网络环境下，文献信息资源的种类和数量大幅增长，用户对信息资源的需求也呈多样化状态，而任何一个图书馆既不可能收集当今社会的所有资源，更不可能满足用户的全部信息需求。这就要求图书馆界要树立协作意识，只有通过各服务机构的相互协作，才能促进资源共享，使不同服务机构间的资源优势互补，降低资源采购和运营成本，提升协作服务机构内的相关技术水平和服务人员的综合素质，节约大量的人力物力，以此提高协作服务机构的整体效益；只有通过协作，其服务形式才能更加灵活多样，更加丰富多彩，才能提高各服务机构的服务水平和能力，才能提高其满足用户需求的能力。

4. 特色服务和个性化服务理念

特色服务和个性化的服务是图书馆在常规服务实践中总结和发展起来的，往往表现出"人无我有，人有我优"或是在某一方面其他馆所不及的特征。特色服务和个性化服务无论从服务对象、服务内容或是服务方式上均是从读者出发，处处体现出"一切为了读者，为了一切读者"的宗旨。现代图书馆在社会需求日益多元的环境下，应利用丰富的网络数字资源和馆藏文献资源的优势，开发特色服务和个性化服务，让图书馆拥有多样的知识信息成为点亮文明的星星之火，给图书馆事业注入新活力，以便在现代激烈的社会竞争中占据一定优势。

5. 3A 服务理念

3A服务理念即Anytime（何时）、Anywhere（何地）、Anyway（何种方式）。3A服务理念主要体现在无论读者在任何时候、任何地方、通过任何方式都能方便快捷地得到图书馆提供的准确、高效的信息服务。也就是说图书馆能以最快的方式将用户最需要的知识信息传递给最需要的人，使信息最大限度地传播和共享。

6. 信息无障碍服务理念

每个人都有平等获取知识和信息的权利，而信息无障碍服务主要体现在为残疾群体服务，如何使残疾群体感受到社会赋予的关怀，使他们鼓起对生活的信心和勇气，是社会各信息服务机构应尽的职责。要使残疾用户能与正常人一样获取图书馆提供的丰富的信息资源，图书馆必须提供多样化的服务设施与形式。首先是必不可少的信息无障碍服务理念，其次是理念指导下的服务行动实践。诸如：图书馆的建筑、服务通道、服务设备、服务方式、服务内容等都得符合残疾用户的需求。

7. 创新服务理念

图书馆的服务理念与服务实践并非一成不变，服务管理者与工作者应随时随地对服务效果进行跟踪调查，对读者反馈的信息进行分析研究，取长补短，根据读者需求提供服务。这不仅可以提高工作质量和效益，而且还可以提高图书馆的社会价值。图书馆的服务理念应随着发展不断创新，在创新中不断前进。

第二节 图书馆读者服务的内容

图书馆是一座知识宝殿，它收藏着古今中外多种学科、多种语言、多种载体的文献。为了使读者更好地了解图书馆的服务工作体系和内容，特做以下介绍。

一、文献借阅服务

借阅服务是图书馆的主要服务内容，是图书馆工作的前哨，借阅服务质量的高低直接反映了图书馆的工作水平。

（一）外借服务

外借服务是指图书馆将部分文献让读者借出馆外，满足他们馆外阅读的一种服务方式。读者根据自己的需要挑选文献，借到的文献应妥善保管并充分利用，在规定的期限内归还，而后还可以借阅另外一些书刊。外借服务是图书馆的一项基本服务内容，也是图书馆最经常、最大量的服务工作，它是读者利用图书馆中各种文献的主要渠道，也是文献传播的主要窗口。

（二）文献阅览服务

阅览服务是图书馆的一项重要的服务内容，是图书馆工作前哨之一，是读者利用书刊资料进行学习和科学研究的重要形式。大力开展阅览服务，可以提高馆藏文献利用率；同时在阅览室中，读者还可以得到工作人员的辅导或其他形式的帮助。同其他服务相比，阅览室具有服务读者的以下特定功能。

一是良好的环境。阅览室有适宜读者学习、研究的良好条件：宽敞的空间、舒适的桌椅、精良的设置、明亮的光线、整洁的环境、安静的气氛。因此，在众多供选择的学习场所中，阅览室最受读者欢迎。

二是丰富的文献。阅览室配备有种类齐全、内容丰富新颖、使用价值较高的各种书刊资料，包括不外借的文献资料，如期刊、报纸、工具书、二次文献、特种文献等，这些文献都优先提供阅览室，供读者阅读参考。

三是方便地使用。读者可以直接利用阅览室内大量的书刊文献，按专业、课题需要，自由选择特定知识信息阅读参考。读者除利用书刊外，还可利用馆内特殊设备，如计算机设备、显微设备、视听设备、复制设备等，阅读电子期刊、缩微文献，以及复制所需的知识信息。因此，无论对自学读者、研究读者、咨询读者，图书馆都可提供极为方便的阅读参考条件。

四是精心的辅导。读者在阅览室阅读学习的时间多、周期长，有的读者甚至长期连续利用阅览室学习研究，馆员接触读者的机会多，便于系统观察了解读者的阅读需要、阅读倾向、阅读效果，便于有针对性地进行推荐文献、指导阅读、参考咨询等服务。

二、参考咨询服务

参考咨询是图书馆帮助读者检索文献和搜求信息的服务方式，图书馆参考咨询人员针对读者提出的疑难问题，利用参考工具、检索文献及有关书刊，帮助查询或直接提供有关文献及文献知识、文献线索，通过个别解答的方式为读者服务。

（一）咨询服务的主要类型

按照读者提出咨询服务问题的内容性质，可以把咨询服务分为以下类型。

第一，普通咨询服务。包括向导性咨询和辅导性咨询。针对读者提出的馆藏方位和服务区域方位等咨询问题给予向导性解答，并对读者的一般需求进行辅导，帮其更全面地掌握利用图书馆的方法。

第二，政府决策咨询服务。为地方政府提供决策服务主要包括立法决策服务、政治决策服务、经济决策服务等。

第三，面向科研机构与企业的咨询服务。科研机构和企业有着明显的不同，图书馆面向二者的咨询服务项目、服务提供方式和资源提供种类等方面存在着差异。科研机构的咨询需求产生于学科研究、技术活动及知识创新等科研工作中，图书馆必须针对他们的特定需求，并充分考虑学术工作者的信息素养层次，提供依托海量文献资源的、科技含量高的、有利于科研创新的高效咨询服务。面向科研机构的一般咨询主要包括事实知识咨询、专题咨询、相关信息检索、文献跟踪服务和综述撰写等五类。

企业人员的信息需求层次不一，他们通常需要知悉与本企业良性运行相关的若干信息，以便达到企业利益的最大化。图书馆开展咨询服务时，需要分清企业的规模大小和咨询要求，量体裁衣地为企业提供合适的、力图解决企业外部问题的、促进企业发展的有效咨询。企业咨询服务以情报产品提供为主。

第四，事实性咨询。即查找具体的人物、事物、产品、数据、名词、图像等。如查找经典著作中某一论述的出处；查找某一字、词、成语、典故、概念的解释；查找某一历史人物、历史事件、地名、时间；某一具体的法律、条约；某一科学数据、统计资料；某一公式、定律、参数、图表等。事实性咨询解答，一般要利用各种参考工具书如年鉴、百科全书、词典、字典、指南、手册等查找线索或答案。

第五，专题性咨询。即围绕某一特定主题，利用各种检索工具，查找有关文献、文献线索及动态进展情报。这种咨询学术性较强，要求提供的文献全面、系统、针对性强。如要求查询某一学科、专业课题的文献资料，要求查找某一研究课题的背景资料、发展现状及未来前景预测等。

第六，其他咨询。读者在利用图书馆的过程中，难免遇到这样或那样的问题，如某种文献收藏在何处，如何查找著者目录、如何查找文献资料等。作为图书馆员，应该了解馆藏，熟悉检索工具，及时解答读者在利用图书馆的过程中遇到的各类问题。

任何一个图书馆员都有责任和义务解答读者提出的问题，一般问题可即时口头解答。较为复杂的事实性、专题性咨询，则需要专业人员经过文献调研后，方可解答。我国大中型图书馆普遍设立了咨询服务机构，从事参考咨询服务，解答读者提出的各种咨询问题。

（二）新媒体下的参考咨询服务特色

在新媒体环境下，图书馆参考咨询服务呈现以下新特点。

第一，信息资源的电子化参考信息源是参考咨询服务的物质基础，出色的参考咨询服务必须依赖丰富的信息源。传统的参考咨询信息源主要局限于各种馆藏文献，而网络环境则突破了"馆藏"的物理空间转向无围墙的全球性的"虚拟图书馆"，除了传统的文献信息源外，大多数图书馆还充分利用检索速度更快、更方便的馆藏电子工具书、书目信息数据库和其他光盘数据库、网络数据库。Internet不仅是世界最大的信息资源中心，而且所提供的现代化检索技术能以比手工检索快无数倍的速度提供信息资源。这些资源包括电子出版物、专题数据库、书目数据库、网络资源指南、网络检索工具、图书馆联机公用目录、联机数据库等。可以说，网上电子化的信息资源将会成为咨询服务最重要信息源之一。现代参考咨询服务的开展是以各种印刷型信息资源的数字化和电子信息资源的有效组织为基础的。

第二，服务对象的社会化。随着网络技术的发展，信息不再仅仅是技术研究人员的特殊需求，而是各行各业人员从事实际工作所必须掌握的东西，甚至还是每一个社会成员生活的必需品。参考咨询不再限于本馆读者，而是面向全社会，主动地为社会各界提供信息服务，参考咨询对象逐步社会化。政府机关、科研机构及企事业单位需要决策咨询服务，科研单位与研究人员需要科学咨询服务，公司、企业、商贸团体需要社会经济动态信息咨询，普通民众需要与其工作生活密切相关的信息咨询。

第三，服务职能的综合化。21世纪图书馆的参考咨询服务，既要搞好传统服务——解答读者在查找和利用文献信息过程中遇到的问题和疑难，又要开展多媒体资料阅读、网络信息传递、情报检索、情报编译、定题跟踪、回溯检索、课题查新，编制二、三次文献及读者导读、用户培训，开设文献检索课，帮助用户建立自己的信息资源库，为用户信息上网提供咨询，协助用户建立自己的网页等多种服务。当今，技术辅导、考研信息咨询也是网络环境下图书馆不可忽视的一项工作。同时，检索的重点将由整体的图书向文章的段落甚至单个句子转移；对网络书刊的利用将由传统择册择期过渡到网络择目择篇择全文。咨询馆员还必须在有限、无序的网络信息中筛选、整理出用户所需要的内容，既要解释电子式检索的各个步骤，又要辅助用户构建检索式，与用户一起检索各种不同电子资源的选择方案。

第四，服务范围的远程化。网络环境下图书馆咨询服务向众多图书馆间、国际间远程数字化合作发展。通过远程合作咨询服务将全球图书馆结为一个整体，整个图书馆网络间不仅文献信息资源可以共享，各图书馆咨询馆员的知识智慧、成功咨询案例、各类课题调研成果等均成为共享资源。信息咨询服务不再是以单个图书馆为中心，而是在大图书馆的整体运作下进行远程合作服务。

三、学科服务

随着信息化社会中知识概念的逐渐明晰，高校图书馆服务于读者已不仅仅依赖于先进的计算机网络技术和丰富的文献信息资源，不再过分强调"拥有"，而是更凸现专业化与学科特色服务，更多强调对资源的"获取"，图书馆服务观念发生了重大的转变。为适应社会的需求，学科馆员和图情教授的培养和聘用显得十分重要。

高校图书馆为了加强图书馆与各院系的联系，建立通畅的"需求"与"保障"渠道，帮助教师、学生充分利用图书馆的资源，开始建立学科馆员制度。学科馆员的职责有：一是主动与对口院系的教师和资料室联系，了解教师对书刊、电子资源的需求；二是熟悉本馆及国内外对口学科的文献信息源情况，掌握其使用方法；三是负责试用、评价对口学科的电子资源，为教师有效利用这些资源提供技术支持；四是及时通告图书馆的新资源、新服务，定期编写、更新相关学科的读者参考资料，包括利用图书馆的主体指南和新资源使用指南等；五是适时开展问卷调查或召开座谈会，征求对口院系对图书馆资源建设和服务的意见与要求；六是按学科进行电子资源的整合与链接，定期在网上发布新文献信息，负责收集、鉴别和整理相关学科的网络信息资源，并在图书馆主页上按学科大类建立学科网络导航；七是开展定期自选服务和其他各类咨询服务，详细了解学术带头人、知名教授及博士点的科研课题，主攻一两个课题，主动为研究项目提供情报咨询；八是不定期地为对口院系的教师、研究生提供利用图书馆的指导和培训，即提供图书资源的讲座，包括数据库介绍及使用培训等。

四、讲座、培训、展览

图书馆作为社会信息集散中心，为社会提供多种形式的信息服务，在信息影响方面的地位是举足轻重的。讲座作为图书馆的读者服务形式之一，为广大听众提供了丰富的信息和资源，拓宽了信息获取的途径和渠道。

图书馆开展一系列讲座、培训等活动有以下几个方面作用。

第一，指导读者利用图书馆。帮助读者了解图书馆的性质、职能、任务和发展状况，介绍图书馆藏书资源的范围、重点、布局结构及其使用方法，介绍本馆的服务机构分布、服务手段、设施、借阅规则、程序、手段方法等。介绍的方法通常采用新读者集体入馆参观、现场介绍、印发图书馆简介资料、馆内播放录音或录像磁带，以及设置专门的咨询台，随时回答读者的询问等。

第二，指导读者利用图书馆目录。图书馆目录有"打开人类知识宝库钥匙"之称，读者要查阅图书馆藏书，首先必须学会查目录。帮助读者了解图书馆设有哪几种读者目录、各种目录的作用及反映藏书范围，介绍目录卡片的著录事项、索书号的组成及其组织方法、目录组织体系说明、分类目录、字顺目录的组织体系及检索使用方法，说明本馆采用分类法的分类体系、大类类目表、标记符号及特殊分类规则、字顺目录排列取字方法与查找方法，以及填写借书单的方法和要求。指导读者利用图书馆目录，可采用集中讲课的方式，也可设置目录辅导员，随时指导读者查找各种中外文馆藏目录，并在目录厅公布各种目录的体例表。

第三，指导读者利用参考检索工具。各种专业的目录、文摘、题录、索引，是教学科研人员掌握文献资料线索、查找文献资料的一把钥匙。掌握了它的使用方法，就能迅速、准确地查到与自己课题有关的文献资料。掌握中外文工具书，可以有效地提高学习与工作效率；掌握科技文献检索工具，能使科技人员在短时间内，迅速、准确地查找到自己研究课题所需的文献资料线索等。

第四，指导读者阅读图书。阅读指导是图书馆对读者的阅读目的、内容和方法给予积极影响的教育活动，目的在于提高读者的阅读能力和阅读效率。指导读者阅读图书，包括两层含涵义：一是对读者阅读内容的指导，二是对读者阅读方法的指导。要引导读者掌握正确的学习与阅读方法，如在什么情况下采取浏览法阅读、什么学科应采取精读法，以养成良好的自学习惯，提高学习效率和自学的效果。

第五，指导读者利用图书馆数字资源。随着网络的日益普及，数字资源在馆藏资源中所占的比重越来越大，指导读者学会使用图书馆各种中外文数字资源是每个图书馆义不容辞的任务，也是网络环境对图书馆提出的要求。

第三节　图书馆读者服务的原则

图书馆设立的初心和目的都是为了尽可能满足读者获得信息的需求，因此，在图书馆服务读者的过程中，始终贯彻落实以人为本、服务第一的基本理念，以特定的原则和内涵自我要求和自我约束，并将以下基本原则作为基本的服务宗旨。

一、遵循以人为本的原则

"以人为本"就是图书馆一切服务的出发点和落脚点都应当是读者和读者需求，既要考量读者的心理特征和年龄特点来优化资源配置，又要提高资源的多样化和层次性；既要为读者提供服务时秉持积极、认真、负责的态度和精神，又要统筹一切可能的途径和力量，为便利读者使用和调度图书馆信息资源创造条件。它集中体现了"一切为了读者"的服务理念和长远的战略发展眼光，也就是说，读者服务是贯穿图书馆服务内容全过程的重要因素，更是图书馆人员和工作的起点和落脚点。

二、遵循全方位开放原则

作为图书馆服务的基本原则，开放与服务是唇齿相依的关系，没有开放，服务便无从谈起。坚持对外开放是现代图书馆建设的重要内容，也是时代发展对现代图书馆的必然要求。全方位的开放主要体现在资源、时间、人员、管理等各个方面的开放。

（一）资源开放

图书馆的资源主要包括馆藏资源、设施资源、人力资源三大种类，资源开放主要包括两方面内容：①最大限度地揭示馆藏资源，通过开架借阅、强化图书宣传、建设完善的检索体系等方式，保障读者开放共享、平等利用所有馆藏资源的权利；②秉持资源共享的基本理念，强化馆际合作，满足读者的多种资源需求。

（二）时间开放

即改变传统读者在利用图书馆获取信息方面的时间局限，提升图书馆开放时间的延展性、连续性和完整性水平。比如，实体图书馆尽量在节假日调休，保障用户的节假日图书馆资源利用权利，虚拟图书馆尽量做到365×24小时制全天候开放服务。

（三）人员开放

作为具有综合功能的社会文化教育中心和休闲、娱乐的自由场所，图书馆应为所有人开放服务，因此，所谓的"人员开放"就是图书馆要接纳一切有图书馆资源需求的用户，保障和尊重他们的基本权利，不因国籍、性别、身份、地位、种族等不同而区别对待。

（四）管理开放

开放的管理体系最基本的特征就在于为用户开放参与图书馆管理和决策的权限，比如设立"用户监督委员会""馆长信箱""读者意见箱"等，鼓励读者表达自主观念，广泛接纳读者对图书馆管理方面的建议和意见，并在用户公开、透明监督下积极进行图书馆服务的革新升级和结果反馈。同时，在特定情况下，允许用户参与管理决策。对于图书馆而言，用户评价可以为其查漏补缺提供科学、客观的数据来源，因此是图书馆升级服务质量、推进建设进程的重要保障。

三、遵循平等原则

平等原则是图书馆信息服务最基本的原则，是现代图书馆服务的基本方向，它主要体现在两个方面。

（一）平等享有权利

平等意味着对人的基本权利的尊重，这种尊重不因富贵贫贱、身份高低等因素而转移。平等享有权利的保障是图书馆"以人为本"原则的基本体现和核心内容，表现为对用户的普遍关爱和普遍尊重，以及对用户基本合法权利的普遍保障。具体来讲，图书馆用户的合法权利主要体现在：用户资格获得方面的平等权利、信息资源阅读方面的平等权利、个人隐私安全和人格不受践踏和侮辱的平等权利、问题咨询的平等权利、参与图书馆管理与监督和决策的平等权利、享有遵守图书馆规章制度的权利和履行应尽义务的平等权利、对图书馆建设和服务提出合理化整改建议的平等权利、享有辅助性服务的平等权利、对图书馆管理和服务工作进行客观评价的平等权利、依法追究侵权行为并要求相应合理的赔偿的平等权利。图书馆的基本职能是引导公众实现"认识权利"，图书馆人的基本职业信念就在于在传播文献信息资源的过程中，以这种基本职能为导向，切实保护好读者权利不受侵犯。

（二）平等享有机会

所谓平等享有机会，本质就是保障用户在图书馆的基本权利，并做到对用户态度上的基本尊重，保障用户可以在图书馆可以平等地利用图书馆资源。这种平等并不是停留在表面的平等，而是要落实到具体的人群，如阅读能力较低的群体、残疾人、犯人等弱势群体，要切实保障他们的平等权利，强化对这些群体的现代化信息技术培训，正视他们在能力方面的差异化，并进行针对性的能力提升服务。可以说，只有保障社会弱势群体的权利，即使其平等利用和共享图书馆信息资源，才能确保图书馆服务实质上的平等。

平等是人文关怀的最基本内容，若想真正做到平等，就必须做好以下工作内容：①最大限度缩小图书馆信息资源与用户之间的距离，使用户利用和共享信息资源更加便利；②最大限度地创造平等利用和占有信息资源的机会，营造相对宽松和自由利用环境，为用户平等利用图书馆信息资源扫除障碍；③严格落实守密原则，不监控、不窥探、不泄露用户在图书馆的自主查询记录和对各种信息资源的利用用途，在充分保障用户个人隐私安全的前提下，最大限度地满足用户的个性化需求。

四、遵循满意服务原则

平等享有作为图书馆服务众多原则中的核心理念，满意服务是衡量图书馆服务质量的重要标准，集中体现了用户对图书馆服务的满意度和图书馆服务的未来整改方向。从本质上来讲，"满意服务"其实就是用户在实际感受过图书馆的文献资源、工作人员、基础设施和服务方式后所获得的真实体验与心理预期之间的差距。

以现代企业管理的CS（Customer Satisfaction）理论来理解图书馆服务的满意原则，主要包括三方面内容——服务理念满意度、服务行为满意度、服务视觉满意度。以下将分别阐述。

一是服务理念满意度。即用户从心理层面来讲对图书馆开馆宗旨和管理策略的满意程度。

二是服务行为满意度。是图书馆思想层面的服务理念通过外部表现出来的行为状态带给用户的心理满意程度，比如，图书馆的业务建设、规章制度、服务内容设计、服务态度和效果等。

三是服务视觉满意度。"服务视觉"是图书馆一切可视化的外在形象，如图书馆的基础设施、环境氛围、阅读气氛、工作人员的职业形象等，而服务视觉满意度指的也就是这些显性因素给用户带来的心理感受和满意程度，是图书馆理念的视觉化呈现形式。

在图书馆管理中贯彻落实满意服务的基本理念，首要的一点就在于坚持"一切为了读者"原则，只有明确认识到这一点，才能在满足用户需求方面拓展多样化渠道，并创新多方位措施，不断完善评价指标，提高反映用户满意度的层次性和精准度，才能为图书馆的服务升级提供更为科学和客观的数据支撑。

五、遵循资源共享原则

对于图书信息资源而言,在社会进步和科技发展的带动下,文献出版数量逐渐增加、信息种类更加多元化,全面搜集和存储各种信息资源则显得没有必要,更加浪费经费。资源共享理念的提出和在图书馆管理中的应用,是与用户不断增长和扩大的信息需求相适应的必然选择。这样一来,多个图书馆之间的信息资源实现了共享,一定程度上减轻了单个图书馆在信息资源搜集和存储等方面的压力,确保图书馆充分发挥信息资源的原有功能,可以最大限度地满足用户日渐多样化的知识诉求和信息需求。图书馆资源共享职能在弘扬和继承人类知识,并带动人类社会的进步与发展方面,发挥了不可磨灭的重要作用。因此,要不断强化和引导、促成不同级别和层次图书馆的馆际合作。只有这样,才能确保真正实现信息资源共享,才能把图书馆建设得更好、更快,才能为社会主义的建设和发展,以及人类宝贵知识体系的建设提供动力保障。

六、遵循创新服务原则

创新就是要树立创新意识,确立主动化、优质化、品牌化、专业化的服务理念。具体体现在以下方面。

第一,服务中要主动想方设法贴近用户,处处为用户着想,为他们提供尽可能的方便;讲究"精、快、广、准"的服务质量,满足用户求新、求快、求便捷的心理;通过特色馆藏、特色服务、特色活动、特色环境等突出本馆服务特色,建立图书馆特有的品牌服务;建立一系列严格的业务规范与规则,凸显图书馆服务的专业化。

第二,要创新服务内容。如在信息服务方面,要努力从文献提供服务向知识提供服务转变;加大参考咨询特别是网上虚拟参考服务的力度;增加网上信息导航;开展个性化信息服务;充分利用各种资源,开展形式多样的读者活动等。

第三,要创新服务方法。如改变以往单一的馆藏文献借阅服务模式,利用现代网络平台,提供多种数据库服务、知识库服务,以及各种在线或离线信息服务和主动推送服务、虚拟参考咨询服务、网络呼叫、智能代理服务等。

第四节 图书馆读者服务体系构建

一、读者服务体系构建的必然性分析

提出一个新的研究领域,构建一门新的理论体系,必须是以科学的态度将学科理论建

立在社会需要的基础上,因为社会的需要是科学研究活动的生命力。读者服务体系的理论研究,正是在社会现实需要的基础上产生和发展起来的。

(一) 读者文献交流活动的客观需要

在现代信息社会中,图书馆是传播人类文化知识的阵地,是进行文献信息交流的重要渠道,是不断向社会传播知识信息的"知识喷泉"。在这个社会的文献交流系统中,读者是一切交流环节的终端,是社会文献交流系统不断运转的命脉,它不仅影响和决定着图书馆文献交流系统的发展规模、运动方向和整体格局,而且还反映着文献交流系统功能发挥的程度。

所谓"文献交流",是指人们借助于共同的符号系统所进行的知识有效传递。它是人类交流活动中的一个重要组成部分。众所周知,文献是以文字、图像、符号、声频、视频等为主要手段记录的信息和知识载体,其社会价值只有在不断的交流和利用活动中,才能充分得到实现。由于文献的内容包含着一定的思想、知识和信息,是人类智慧的结晶,所以文献交流就其实质而言,是一种思想的交流、知识的交流和信息的交流。通过文献的交流,可以实现人类知识的共享,进行新的创造。文献交流是人类知识继承、创造和发展的前提,是新知识获得社会承认并被广泛利用的唯一途径。

一般来说,读者的文献交流可以分为两种形式,即直接的文献交流和间接的文献交流。

1. 直接的文献交流

直接的文献交流也称为"非正式文献交流",是指读者与文献创造者之间所进行的文献交流。它主要是通过人与人之间的相互关系,来搜集和利用文献进行思想沟通。这种形式的文献交流,可以通过读者与文献创造者之间的直接对话、通信、参观、会议、演讲、展览、交换等方式进行,具有明显的个体性和随机性。直接的文献交流具有以下特点。

(1) 文献交流时间短。由于直接的文献交流是单向交流,读者具有明确的文献获取方向和特定的交流环境,无须通过其他中间环节,因而能够以最快的速度获得所需要的文献。

(2) 具有高度的选择性和针对性。在直接的文献交流中,读者往往具有迫切的文献需求和明确的阅读目的,能够有目的地进行文献选择。

(3) 需求信息反馈迅速。读者与文献创造者之间的直接交流,是一种文献的交互式定向传递,可以根据读者需求的变化及时进行修正。

(4) 能够加深对文献内容的理解。如读者可以通过交谈和观察等方式,了解对方的思想，加深对文献内容的理解，从而做出自己的判断和评价。

然而，直接的文献交流一般是通过个人自发的、直接联系的方式进行的，是没有组织、没有确定形式的交流，因此也就不可能成为特有的、严谨的、科学的交流体系。此外，其文献交流的范围和数量都是非常有限的，它们没有整个社会的监督机构来评价其文献的社会价值、客观性和真实性，既不能检验交流的可靠程度，也不能进行文献的有效积累。所以，这种建立在人际关系基础上的文献交流形式始终是一种个体的、小规模的非正式文献交流。

2. 间接的文献交流

间接的文献交流也称为"正式的文献交流"，是指通过文献服务机构进行的社会化文献交流。社会文献服务机构包括以文献的收集、加工、整理、存贮、利用为主要工作内容的图书馆服务系统、档案服务系统、科技文献服务系统等。间接的文献交流，主要是依靠文献来进行的，即通过社会化系统化的文献流通，来实现文献内容的潜在价值。间接的文献交流，能弥补直接交流形式中受时空条件、人数或范围的限制和难以进行系统化有效积累的缺陷。具体来说，它具有的特点如下。

（1）文献交流的知识可信度较高。由于文献服务机构是社会的文献保障系统，其全部工作的最终目的是为文献交流提供服务，通过文献交流来实现各自的社会职能。因此，对文献的收集、加工、整理并使之有序化，形成科学的文献资源体系，是文献服务机构的主要任务。通过文献服务机构进行的文献交流，具有可靠的知识内容和科学的知识体系。

（2）文献交流范围广泛。间接的文献交流有一个比较突出的特点，那就是通过文献的有序化工作，拓宽了文献交流的时间范围和空间范围。它不再是一对一的交互式定向交流，而是面向社会的多向交流。读者通过文献服务机构，可以获取稳定的、系统的文献信息，从而满足社会化的文献需求。

（3）能够进行系统化的社会积累。文献是人类社会知识的结晶，在现代社会中，知识就是力量。知识贵在积累，人类总是将古今中外人类的一切成果作为自己的起点，去不断地探索、创新。文献充分体现了知识的累积性，反映科学发展的继承性。而文献的间接交流，更能够系统积累人类文明，它通过系统化、科学化的文献加工处理，科学地揭示文献内容，帮助读者深入文献海洋之中，了解和选择更为有价值的文献资料，从而开发文献资源，并以最快的速度、最优化的水平主动提供给读者。因此，促进文献的间接交流是一切文献服务机构工作的出发点和归宿。要做好这一点，就必须加强对读者的研究，掌握读者的需求规律，因为读者是文献交流过程中的终端环节，一切交流功能的充分发挥和交流效果所能达到的最佳程度，既取决于交流的内容、交流的技术，更取决于读者对交流内容的要求，对情报和知识的吸收能力与素质，以及运用知识改善读者本身已有的知识结构，提高认识世界和强化解决实际问题的能力。文献作为一种信息资源，其价值并不一定是显性的，只有在了解读者需求的基础上，依据这种需求和读者可以接受的水平，进行文献信息的开发和有目的的定向传递，才能充分发挥文献的价值。所以，开展读者服务理论研究，是提高交流效益的客观要求，是文献交流活动的关键所在。

（二）图书馆工作社会化的现实需求

图书馆是社会发展的产物，作为人们共同使用人类精神财富的一种组织形式，它具有明显的社会性，主要表现在以下几点。

第一，图书馆的藏书既是人类社会的产物，又是人类社会共同享用的精神财富。一方面，文献是人类智慧的结晶，是古今中外千百万人对自身丰富的社会经验加以概括、抽象而创造出来的知识，是全人类共同的精神财富；另一方面，科学技术的发展、社会实践的需要，促使人们不断从文献中汲取各种文化知识，借鉴先进的科学技术成果。如此，文献又成为人们共同享用的精神财富。

第二，图书馆是组织人们共同使用文献的场所，其主要的任务就是促进人类知识的社会传播与交流，为人类的社会实践活动提供信息保证。自产生以来，图书馆的大门便向社会敞开，并积极号召社会大众利用其文献资源，这就使图书馆这一社会实体具有广泛的社会性。特别是在社会主义国家，组织广大人民群众充分利用图书馆文献资源，为社会主义精神文明和物质文明服务，更是图书馆光荣而神圣的职责。但凡社会成员都可以成为图书馆的读者，都可以利用图书馆文献资源，充实自己，提高自己的科学文化素养。

第三，图书馆作为社会文献信息交流的主要场所，其工作的核心就是把各种静态贮存的文献及时地、主动地、准确地转化为动态的情报和交流中的知识，并针对读者特定的需要进行多种多样的传递服务，以供社会利用。图书馆文献资源被读者利用得越充分，其社会作用就发挥得越大，尤其是在知识、信息剧增，各类型出版物大量涌现的形势下，如何赢得读者、扩大服务面、提高读者服务的效益等，一直是许多图书馆工作者孜孜以求的事情。随着社会的不断进步与发展，读者对文献信息的需求日益复杂、多样化，图书馆的读者服务问题变得日趋复杂。传统图书馆那种"读者要什么，图书馆就给什么"的服务模式，已经不能适应现代社会中读者对图书馆的要求。现代图书馆必须根据读者的特定需要，主动提供文献，开展多种多样的服务，同时，在内容和层次上，则需要提供更加深层次化的增值服务。因此，图书馆服务工作越复杂，越需要进行系统研究，越需要理论的指导。这样，读者服务理论研究就应运而生了。它是图书馆事业发展的现实需要，是提高图书馆服务工作的社会效益和经济效益，为读者提供现代化和社会化服务的客观要求。

（三）图书馆学学科体系发展的必然结果

图书馆读者服务是图书馆工作的前沿和窗口。对图书馆读者及其需求的研究、读者利用图书馆文献资源行为的探讨、读者阅读心理分析、图书馆读者服务对策及服务效果的评估等，已经成为当代图书馆学理论研究中的重要内容。在长期的观察和研究中，图书馆工作者及研究者充分认识到，读者是图书馆生存与发展的土壤，读者需求是图书馆事业存在和发展的根据，没有读者需求，图书馆就失去了运行的动力，也就失去了自身存在的价值；要提高图书馆文献资源的利用率，发挥文献在传递知识、交流信息中的价值，就必须牢固地树立读者服务的新观念，以读者需要为第一，以服务读者为宗旨，讲究服务效率，提高服务质量。

作为对图书馆活动进行理论上的综合研究，抽象概括其本质与内在规律的图书馆学，应该从一大堆事实、现象、技术、方法中抽象、概括、总结出图书馆活动的一般原理和一般规律，运用逻辑思维、辩证统一、系统的方法，来揭示图书馆活动的本质属性，及其与社会环境的相互关联，考察图书馆学内部结构和外部联系，探究图书馆的社会功能及发展趋势。基于读者在图书馆活动中的特殊地位与作用，人们强烈地意识到建立"以读者为核心"的现代图书馆学的重要性。尤其是在21世纪的今天，中国图书馆学要走向世界，汇入世界图书馆学的洪流之中，就必须有自己的理论特色和民族特色，它绝不仅仅是世界各国图书馆学理论流派的综合，而应该具有自己的理论体系，并能够让世界各国图书馆学借鉴、研究。中国图书馆学应深深扎根于中国图书馆事业的土壤，深深地扎根于中国的传统文化、民情国力、科学文化的发展水平之中。图书馆事业作为一种社会总体系中的一个分支，它受制于国家、民族的政治、经济、科学文化的发展。而在图书馆事业的发展中，读者作为图书馆赖以生存的土壤，对图书馆事业有着巨大的影响力和推动力，读者的文化素质、社会心态、阅读观念则是形成这种推动力最根本的、最客观的因素。所以，研究读者的阅读行为，唤起读者的阅读意识，提高读者的阅读能力，提高读者的信息素质，不仅是促进图书馆服务发展的有效措施，也是推动中国特色图书馆事业发展的根本途径，还是中国图书馆学理论研究和实践的重要内容和特色，"以读者为核心"的图书馆学理论强调了这么几个内容。

第一，图书馆工作的根本目的是满足读者日益增长的文献信息需求。图书馆的一切工作都必须围绕、服从和服务于读者需求，在这个基础上处理好各项工作环节的关系，使图书馆成为一个协调运行的有机整体。读者需求因人而异，图书馆要针对不同读者的不同需求，提供不同的文献信息并采取读者各自所需要的服务方式和工作方法。因此，根据读者需求的不断提高和变化，图书馆的各项工作也必须不断提高和调整，与读者需求的变化相适应。

第二，在图书馆信息交流过程中，读者是最活跃、最能动、起着支配作用的一方。他们有权对图书馆进行选择，有权对图书馆的服务方法、服务时间进行选择，同时也有权对文献利用的内容、深度、方式进行选择。

第三，图书馆读者服务应注重服务效果，实现读者与图书馆之间的双向交流。图书馆文献信息交流过程中，读者的态势影响着整个交流系统的规模、发展方向和格局，反映了系统功能发挥的程度。因此，图书馆文献信息交流系统，应该是一个灵敏的反馈、调节系统，其文献信息的交流应该是双向的。如果在这个系统中，图书馆员不了解读者的需求及读者如何利用文献资源，就不会知道自己应该做些什么，不知道应该提供什么服务，就会导致服务的盲目性，降低服务效果。因此，对读者需求的了解和识别，是任何一个图书馆开展服务工作的先导，并作为修正服务误差、提高服务质量的参数指标。注重服务质量是衡量图书馆工作整体成效的主要标准。

总之，读者服务理论体系的建立，将使我们对图书馆读者服务问题的认识从现象深入到本质，从个别上升到共性，充分认识其规律性，从而提高读者服务工作的总体水平。

二、读者服务体系的构建策略

（一）设置读者服务机构

合理地设置读者服务机构，是读者服务工作体系中保证管理信息传递畅通无阻、系统功能不断提高的重要条件。一般来说，读者服务机构的设置，应充分体现三个原则，即适应性原则：读者服务机构的设置要与图书馆的性质、任务、藏书条件及所处的社会环境、自然环境相适应；方便性原则：读者服务机构的设置，既要便于读者充分地利用图书馆资源，又要便于科学管理；效益性原则：读者服务机构的设置要能够最大限度地发挥图书馆藏书资源、设备资源、人力资源等各种资源的效益。

设置读者服务机构的主要目的，是限定机构的职责和权限。

1. 流通阅览部

流通阅览部是读者服务工作的第一线，其主要任务是开展外借、阅览服务，为读者广泛深入地利用文献资料而进行各种形式的宣传和报道，并且指导和吸收读者利用图书馆，最大限度地提高服务质量和效率。

因此，流通阅览部的主要职责包括以下方面。

（1）不断收集、整理、分析、研究读者的文献需求信息以及读者的反馈信息，改进服务工作,并积极地、及时地向上级反映情况,成为读者需求信息反馈渠道的枢纽。

（2）负责起草和修订有关外借、阅览工作的规章制度,办理读者借阅证件等。

（3）管理外借书库和辅助书库,并根据图书流通情况,不断改善藏书组织。

（4）管理所属的各个阅览室、目录室,负责目录咨询工作,并经常保持外借厅和阅览室的舒适、整洁和安静,为读者学习和阅读创造最佳的环境条件。

（5）负责馆际互借、预约借书、邮寄借书、流动借书等工作。

（6）协同有关部门组织各种书刊展览、学术报告、读书座谈、图书推荐、新书报道等工作。

（7）建立和健全有关图书流通、读者需求情况的各种记录和统计制度,开展读者统计工作。

（8）保证借阅时间和阅览室的开放时间准确无误。

读者服务工作是图书馆工作的重心,而流通阅览工作则是这一重心工作的窗口,它直接体现图书馆两个文明建设的风貌,因而必须加强图书流通机构的组织与管理工作,合理配备流通阅览部的人力和智力结构,并制定相应的服务规范,使图书流通服务工作更上一层楼。

2. 参考咨询部

参考咨询部是读者服务工作组织与管理的一个重要部门。在我国,大部分图书馆都设置了这一部门。

参考咨询部的主要任务和职责包括以下方面。

（1）接受读者咨询课题。凡属读者文献咨询、文献知识咨询、文献线索咨询的课题,无论是某一事实或事件,还是某一专题或知识单元的咨询问题,均属于参考咨询部工作的范围之内。同时应相应建立读者咨询工作台,做好咨询档案记录,为解决读者各项咨询问题创造一切条件。

（2）分析咨询问题的性质,了解读者意图,判别咨询问题的实质,有效地解决读者的各种困难和问题。

（3）解答咨询问题。根据咨询问题的性质,确定咨询途径,正确地使用各种工具书,记录查找过程,并利用口头、书面等方式提供咨询答案。

（4）建立咨询档案。根据问题的不同性质,相应建立读者咨询卡,记录咨询过程并妥善保存咨询档案。

（5）组织和管理必备的工具书,设置参考室,密切注意科学技术的发展,分析科学研究的发展动态,并根据读者及社会的需要编制各种书目索引,提供二次文献服务。

（6）应建立文献咨询部门和教育辅导部门的联系，在其他各部门的协助下，对读者进行文献检索基本知识的教育和训练。

有关参考咨询部门人员配备要求较高，需要具备相应的专业知识水平、阅读翻译能力和工具书使用能力的工作人员方能胜任。

3. 情报服务部

情报服务工作是现代图书馆工作的一项突出任务，它讲求服务的时效性和新颖性，更具有时代性，对图书馆工作人员的要求更高，尤其是外语能力、现代技术和专业知识水平、分析与洞察问题的能力。该部门的职责与任务如下。

（1）根据本系统科学研究与教学的需要，配合采访部门及时收集各种最新的文献信息。

（2）建立情报分析小组，广泛吸收各学科的专家参加情报服务部的活动，形成情报调研网络。

（3）采用各种形式进行科研信息调查和查新工作，制订各种专题服务计划和实施方案。

（4）广泛开展书目服务、定题服务、编译服务、情报调研工作，向读者提供最新的情报信息资料，广、快、精、准地提供情报服务。

（5）研究现代技术在图书馆系统中的应用，建立计算机检索网络系统和终端数据库系统，运用先进的科学技术为读者提供服务。

4. 现代技术应用与服务部门

现代技术应用与服务部门是随着科学技术的发展，为适应社会需求而设置的组织机构。其主要职责与任务是根据读者需要提供计算机技术、缩微技术、复制技术、声像技术、通信技术的服务，开展现代技术的管理与利用工作，从深度和广度上开发文献资源。目前，我国绝大多数的图书馆，都能根据自身发展的实际情况，组建各种现代技术应用与服务部门。

（二）确定读者服务借阅体制

借阅体制是读者服务工作开展的一个重要前提条件，也是读者利用图书馆资源的环境条件。长期以来，我国图书馆界对图书馆是否开架进行了很多探讨，这一直是个争论不休的问题。现在看来，图书馆完全采取封闭式的方法，闭架借阅，很难适应时代的发展，不能满足社会的需求。盲目地开架，也势必造成图书严重乱架和丢失的状况，造成图书馆的严重损失。因此，必须针对我国的国情，采取以开架为主、开闭结合的借阅体制，从而满足社会的需要。

1. 各种借阅体制的概念

所谓"开架借阅",就是图书馆允许读者进入流通书库,并直接在书架上挑选书刊的借阅体制。开架借阅的关键有两条:第一,允许读者入库;第二,允许读者在书架上选书。

所谓"闭架借阅",就是图书馆不允许读者入库或在书架上选书,必须通过馆里的工作人员提取才能借阅书刊的借阅体制。闭架制的关键也有两条:第一,读者不能进入书库;第二,读者只有通过馆员作为传递媒介,才能借阅书刊。一般情况下,读者还需查目录,填写借书单,由馆员凭单到书库取书后交读者借阅。

所谓"半开架借阅",就是图书馆利用陈列展览的形式,将部分流通量大的书或新刊陈放在安有玻璃的书架里,读者能看到书脊或书面等外貌,并可浏览挑选,但不能自取,借阅时必须通过馆员提取。这种借问体制,也称"亮架"制。半开架制比起闭架制,对读者放宽了开放尺度:可以浏览书架上的书,减少了查目录、填书单的环节;比起开架,对读者又限制了一层:不能自己取阅,必须通过馆员传递。而且可供陈列亮架的藏书数量只是流通馆藏的小部分,在外借处、阅览室、辅助书库内一部分地方展出,占用有限的空间,而大部分流通书不能采用这种体制。因此,半开架制是介于开架和闭架之间的一种辅助借阅体制。国外将半开架制称为"准开架式",这种体制有它独特的作用——便于宣传推荐。组织管理半开架部分馆藏,在一定程度上方便读者直观性选择书刊,配合开架和闭架书库中需要特殊处理的部分藏书,是很有必要的。

所谓"部分开架制",是指图书馆的流通书库在对大多数读者采用闭架制的情况下,允许一部分具有高级职称或特殊研究需要的读者,对一部分书库藏书实行有限制的开架借阅方式。这是许多闭架图书馆普遍采用的办法,称为闭中有开的部分开架制,属于开架制范畴。

所谓"部分闭架制",是指图书馆的流通书库在对大多数读者采取开架制的情况下,对于其中部分藏书和部分读者采用闭架制的借阅方式。其作用是:既有利于部分藏书的安全保管、长期利用,又有利于有区分地为读者服务。这也是许多开架图书馆普遍采用的办法,称为开中有闭的部分闭架制,属于闭架制范畴。

在开架阅览室体系中,有两种开架形式:自由开架式和安全开架式。

所谓"自由开架式",是指辅助藏书与阅览座位处于同一空间,读者可自由出入,直接在书架上随意挑选并提取所需书刊,就室阅览,不必办理任何借阅手续。这种形式对于读者最为方便自由,但藏书保护条件差。此种方式在美国比较流行,因此也称为"美国式"。

所谓"安全开架式",是指辅助藏书单独设库,流通藏书与阅览座位处于两个相互连接的空间,读者可直接进库挑选并提取所需书刊,但要到阅览室阅读,需办理登记手续,阅毕后需归还给工作人员。这种方式对于读者稍费点时间,但对于藏书的保护则比较好,并能保持安静的阅览环境。此种方式在英国比较流行,因此也称为"英国式"。

国外的学校和专业图书馆多采用自由开架式阅览体制,公共图书馆则多采用安全开架式阅览体制。我国也大体如此。

2. 开架借阅体制的优缺点分析

实行开架最根本的特点也是最根本的优点,就是让读者有机会直接接触馆藏的大量图书,并且通过浏览可自行选借所需要的文献资料。

开架服务的主要优越性具体表现在以下几个方面:①提供文献的充分性。读者直接接触丰富的藏书,能自由挑选适合自己的书刊。②选取图书的直观性。读者与藏书直接接触,能开阔自己的知识视野,提高阅读的积极性。③借阅过程的简便性。读者可以直接参与借取过程,既方便又节省了时间,等待获取图书文献的过程缩短了。④图书流通的扩大性。扩大了图书流通范围,降低了图书拒绝率,减少了部分藏书不必要的外流。⑤指导阅读的有效性。把馆员从繁忙的跑库工作中解脱出来,有较多的时间了解读者,开展咨询解答和指导阅读工作。

开架的缺点是:容易产生乱架、书籍破损得快、容易丢失。从图书馆的角度来看,藏书的安全、完整、有序、方便管理,是图书馆内部工作的一个基本要求,也是闭架借阅的长处。要想有效地发挥开架的优势,克服其缺点,只有加强管理,采取必要的措施,将丢书、破损和乱架现象减少到最低限度,使藏书得到最充分的利用。

3. 确立以开架为主、开架与闭架相结合的借阅体制

在图书馆为读者服务的借阅体制中,无论是开架借阅还是闭架借阅,它们的共同宗旨是要方便读者,满足读者的阅读需要,提高服务效率、服务质量,保证读者和图书馆的根本利益。因此,在实际工作中,就要根据本馆藏书和读者的具体情况来确定本馆的借阅体制,而不能盲目地开架和全闭架。目前,我国图书馆在有条件的情况下,可以针对不同的读者和藏书,实行有条件的、局部范围的开架,这实质上也是遵循图书馆藏用结合的规律,实行开架与闭架相结合的借阅体制。

目前,应当根据藏书在读者中的流通情况,以及藏书的使用价值来确定是否开架。若是在大多数读者中流通的藏书,应当对广大读者开架;若是只适合少数读者查阅的书

刊，就不宜对大多数读者开架。一般性书刊，利用率高的，复本量大的，可以开架；珍贵书刊、单本书刊、利用率低的书刊，以及内容不便公开的书刊，就应该对一般读者实行闭架，对科研读者实行开架。绝对的开架和闭架实际上是不可能存在的。每个图书馆对自己的部分特藏书刊和保存本都是实行闭架借阅的方式。关键的问题在实行开架借阅的藏书选择标准上，要考虑读者的阅读需要，同时也要考虑图书文献的状况，不可一概而论。总之，以开架为主，实行开架与闭架相结合的借阅体制是方便读者，保证藏书安全、有序，能够长期使用的行之有效的借阅体制。各类型图书馆应从读者的需要和图书馆的实际利益出发，创造条件，实行以开架为主的借阅体制。

（三）读者服务设施的管理

图书馆要很好地组织读者进行阅读，不仅要具备丰富的藏书和高水平的业务人员，还应当为读者提供良好的活动场所、舒适的阅读环境和方便使用的各种设备。这些为开展读者阅读活动所必需的物质条件，统称为图书馆的服务设施。服务设施的管理主要是指设施的合理设置和布局，既能适应读者利用文献的各种需要，又能方便图书馆工作人员开展各项业务活动。

1. 设置读者服务设施的一般依据

（1）适应本馆主要读者队伍的需要。图书馆读者对提供文献的方式的需求具有不同的特点，因而对服务设施的要求也各不相同。如科研人员和高校教师，除了图书外借方式外，还须查阅参考工具书和样本书，因此，有必要设置工具书阅览室和保存本阅览室，以提供更多文献资料。

（2）适应各类文献使用与保管的特点。不同类型的文献在使用与保管上各有特点，为使各种文献充分发挥作用，可以设置以各种文献载体为特征的分科阅览室，既满足读者对某些特殊文献的需要，又便于各类特殊文献的管理与利用。如古籍阅览室、中外文期刊阅览室、视听资料室、电子阅览室等。

（3）适应馆舍、人力等现有条件。服务设施的设置不仅要适应读者需求与文献特点，还必须根据各图书馆现有的人力、物力和馆舍条件，合理设置读者最需要、最能有效利用文献的设施，以充分发挥现有藏书、设备和人员的作用，最大限度地满足读者需求。

2. 读者服务设施的布局要求

每个图书馆都有各自不同的服务设施，这些设施的合理布局，是现代图书馆十分重视的问题，它与提高服务效率有着密切的关系。对服务设施的布局要求是：①缩短读者与特定文献的距离，加快流通的速度；②能充分发挥各种服务方式与服务设施的优势和作用；

③读者活动路线与图书馆内部工作的路线互不干扰，方便读者利用和书刊管理。

设置服务设施时思想上要注重开放性，结构上注重层次性。

读者服务设施的层次性，体现为以下几个区域的设置：群众活动区：一般应设在图书馆的入口处，有单独的出入口，以保证不影响图书馆内部的工作和读者阅读。流通阅览区：应距离书库较近，外借处与目录室应设置在图书馆的入口处；还应设置咨询处，以解答读者提出的问题；阅览室应设在光线、通风均较好之处，应离群众活动区较远。情报服务区：可设在馆舍的高层，接近基本书库，应尽量避免与读者活动场所相交叉，应体现小而精的风格。

阅览室是由阅览空间、阅览桌椅、辅助藏书、读者目录及其他阅读设备构成的。工作人员是阅览室的管理者、指导者和咨询者，读者是阅览室的查询者和使用者。阅览室的空间设计，应从实际出发来安排其结构。第一，要考虑读者阅读藏书的需要，设置出光线明亮、空气清新、安静舒适的学习和研究环境；第二，要考虑设置适合读者阅读和学习的阅览桌椅；第三，要考虑配备合理数量的阅览座位；第四，辅助书库和藏书结构的设计，要与读者需要相结合，与读者查找和利用相结合；第五，读者目录及检索工具的配置，应作为阅览室辅助藏书的有机组成部分，充分发挥其检索与参考作用；第六，配备适当的视听设备和阅读设备，使读者可以任意选择文献的载体形式，开展多种多样的阅览活动，增强阅览室的综合使用功能。

（四）开展读者服务工作

1. 读者登记工作

图书馆采用登记卡或登记簿的形式对读者的有关情况进行登记，并发给读者借阅证（卡）以供读者从事文献的选择与借阅。计算机管理的实施，极大地方便了这一工作。只要读者把借阅证在扫描仪上亮一下就可以完成登记手续。

读者登记工作是图书馆与读者建立联系的第一步，也是读者对象的组织与管理的主要内容。读者登记的范围通常根据图书馆的性质和类型来确定。

（1）读者登记的范围

图书馆有多种类型，区分图书馆类型有多种标志。就发展图书馆读者队伍而言，以有无固定服务对象作为正式读者群为标志，将图书馆划分为两种类型：一种是单位图书馆，本单位的固定成员，原则上都是单位图书馆的正式读者群，只要做好这些人的读者证登记工作，就不存在选择发展的问题。另一种是公共图书馆，没有固定的服务对象，需要从本馆所属地区范围内，选择部分社会成员作为本馆的正式读者群。

单位图书馆的正式读者范围比较明确固定，凡是本单位的固定成员，都可以向本单位图书馆办理登记手续，领取借书证，成为图书馆的读者，享受借阅权利，经常固定地利用本单位图书馆。

公共图书馆的服务对象广泛、分散，数量很大，必须根据本馆和读者的实际情况，制订发展计划，将符合本馆条件的社会成员，有选择地发展成为正式读者，经过登记发证，开展各种形式的借阅活动。

（2）读者登记的内容

读者登记的内容，因读者在图书馆的组织形式而异，个人读者与集体读者的登记内容有所不同。个人读者登记的内容包括：读者基本情况，即读者姓名、性别、出生年月、职业、职务、职称、文化程度、工作单位及其所属系统、联系地址、邮政编码和电话号码；读者业务工作的主要经历和工作成就；读者的文献需求与所需要服务的方式；读者的文献信息能力及外语语种的利用程度；读者的工作习惯和查找、利用文献的方式；读者对文献信息服务的期望或建议等。

集体读者登记的主要内容有：集体读者的名称；人员组成情况和负责人姓名；集体的主要活动及工作成果；集体获取和利用文献信息的能力和情况；集体读者所指定的经办人的姓名、通信地址及邮政编码、电话号码等。

读者填好登记卡后交给工作人员，由工作人员照录在读者登记簿上，按序号排列，以作为掌握读者基本情况，做各种分析统计的依据。

（3）读者借阅证的发放

读者登记之后，应发给读者借阅证。借阅证的种类很多，按其用途可分为：外借证、阅览证、外借阅览证。外借证是仅供读者外借文献的证件，读者不能凭此证进入阅览室；阅览证是仅供读者入室阅览的证件，不能用于外借；外借阅览证既可用于外借，又可用于阅览，还可用于其他的服务方式。

借阅证应标明编号、读者姓名、性别、工作单位、职务或职称、通信地址、发证日期、有效期限、借阅规则等，并贴上读者的照片。借阅证有两种：一种是册式借阅证，此证除证明读者身份外，还可将读者外借的文献记录在"外借文献记录"栏内；另一种是卡式借阅证，采用电子计算机进行图书流通管理的图书馆，须发给读者卡式借阅证，并在借阅证上加条形码或磁条，以便计算机识别和记录。

（4）读者的重新登记

由于读者的情况经常发生变化，如读者工作调动、通信地址变更、集体读者的单位变更、经办人更换等，致使原有的读者登记卡失去准确性；有些读者办证后长期不借书，空占名额，影响图书馆发展新的读者；有的丢失借书卡，借阅证被别人顶替冒用；有的借书长期不还，影响正常流通，等等。针对上述问题，图书馆每隔2～3年对借阅证进行一次核查清理，重新办理登记手续，以保证读者登记卡的准确性，保证借阅证的正常使用。读者重新登记的办法有三种：一是在借阅证上标明有效期限，到期后，读者自觉办理重新登记和验证；二是事先写出通告或通知，要求读者在一定时间内，办理重新登记和验证；三是请读者所在单位汇总，统一办理重新登记和验证。

2. 读者发展工作

发展读者是一项复杂而细致的工作，需要制订发展计划，确定发展方法。读者发展计划，须依据社会的客观需要与本馆的任务、藏书、人员能力、馆舍条件等，明确发展范围、重点，发展读者总数量，各种成分、各个单位、各种类型读者的具体情况比例，发展读者的资格条件，发展读者的时间、步骤及其具体措施，做到有计划、有目的地发展读者。发展读者的方法有两种：一种是按照计划分配发展，即由图书馆按系统、按单位分配名额，再由单位按条件将名额分配到个人，个人凭证明到图书馆登记办理领证手续。另一种是读者个人申请登记自由发展，即由图书馆直接公布发展读者条件与办法，读者个人凭工作证或单位介绍信到图书馆申请登记，经馆方了解、研究，同意发给登记卡，然后办理正式登记领证手续。两种方法，各有利弊。一般图书馆发展读者是将两种方法结合起来，以便互相补充，扬长避短。图书馆除定期发展读者和调整读者队伍外，根据需要还可以进行经常性的读者发展工作。

3. 制定与执行读者规则

读者规则是读者在利用图书馆资源时应遵守的规章制度和守则，制定和执行读者规则是读者管理的重要内容。

（1）读者规则的种类

读者借阅规则。读者借阅规则是对读者在借阅文献过程中应承担的职责和义务，以及应注意的事项所作出的规定，它对保证文献借阅工作的顺利进行，保护文献不受损失，加快文献的流通速度有很大的作用。其主要内容有：对读者借阅文献权利的规定；对读者借阅册数和期限的规定；对读者借阅秩序和借阅手续的规定；对读者保护文献义务的规定；对读者破坏或遗失文献后赔偿和罚款的规定；对读者所借文献逾期不还处理的规定等。

读者入馆（室）规则。读者入馆（室）规则是对读者进入图书馆某一空间设施的条件、手续和其他有关事项的规定。主要有读者入馆（室）的资格；读者入馆（室）的衣着；读者入馆（室）的手续；读者维护馆（室）内秩序的规定及对读者损坏馆（室）设备或文献处理的规定等。

读者利用图书馆各项服务方式的规则。主要是对读者利用咨询服务、检索服务、定题服务等高层次服务方式所做的规定。包括：对读者利用这些服务方式资格与条件的规定；对读者申请利用这些服务方式手续的规定；对读者与图书馆工作人员相互配合的规定；对读者利用这些服务后信息反馈的规定等。

（2）读者规则的制定与宣传

读者规则的制定要考虑图书馆的性质、任务、服务设施、服务项目的特点；考虑读者的心理承受能力；行文要适宜，所用语言要精练、准确。

读者规则制定出来之后，要对读者进行宣传，让读者了解其中内容并自觉遵守。可采取口头宣传和解释的方式，也可以印刷成小册子或在馆内张贴等形式对读者进行宣传。

（3）读者规则的执行

读者规则制定出来之后，除加强宣传外，还应严格执行，并发挥读者规则的作用，否则，就达不到读者管理的目的。执行读者规则，除要求读者自觉遵守外，图书馆工作人员应对各类型读者一视同仁。对违反读者规则的行为，要按条文严格处理，不讲私情。

第三章 图书馆读者导读工作及发展

第一节 图书馆导读工作概述

导读就是"指导阅读"或"阅读辅导",是社会倡导的,一切具有教育职能的机构根据自身的条件和自己的服务对象,按照时代发展的要求,采取各种不同的方式吸引读者,并主动影响其阅读行为,培养阅读技巧与方法,帮助读者提高阅读能力和阅读效益的一种教育活动。[①]故又可称之为"导读教育",是贯穿图书馆的一项重要工作。导读工作的实质,是在了解和研究文献的基础上,主动向读者揭示文献的形式与内容。它是一种有明确目的,且居于读者阅读要求之前的一项引导、指导性工作;当读者产生了阅读要求,导读工作人员可主动地为读者宣传、选择、提供最新书刊文献。通过导读可以把读者最需要的情报资料及时而准确地展现在他们面前,吸引读者充分利用各文种书刊和现代化服务设施。其目的在于提高读者的修养,增强阅读效益。作为社会阅读系统中一个重要子系统和具有极强教育职能的图书馆,导读是它的基本任务之一。

一、导读的性质及产生原因

(一)导读的基本性质

导读的性质可以从馆员和读者的行为方面来加以概述。

1. 导读是馆员与读者互动的深入

"互动"即馆员与读者之间通过"中介"的相互影响和作用,这里的"中介"是图书、文字、语言、行为等。这种"互动"按其由浅入深的顺序可以分为三个阶段:①简单互动阶段。这一阶段中馆员与读者主要是借还书关系,双方没有思想上的交流,互不了解。②相互渗透阶段。这一阶段中,馆员通过设置借阅登记系统对读者的借阅行为进行统计分析,研究读者的个体和群体情况及借阅倾向等规律,其"中介"主要是读者登记、图书目录、开架借阅和书目宣传等系统,读者则通过上述系统来了解图书馆的业务行为。这

[①] 赵汝红. 图书馆读者导读工作初探[J]. 科技情报开发与经济, 2014, 24 (19): 35-37.

一阶段馆员与读者之间仍然是一种间接的行为交流。③直接交流阶段。随着图书馆功能的逐步完善，馆员与读者之间通过各种咨询活动、报告会、讨论会，甚至通过科研合作等形式进行经常的语言交流。通过这种直接交流，馆员对读者的阅读心理和行为施加干涉和影响。这是一种较深层次的直接和及时的导读活动。

2.导读是馆员有目标、有计划地参与读者阅读过程的活动

按照读者阅读受外界影响程度的不同，阅读可分为自发阅读、启发阅读和指导阅读三种。自发阅读是读者根据工作、科研和生活的需要，无确切目标和意向的阅读行为；启发阅读是读者在自发阅读思想产生以后，在分类目录系统、文摘索引、宣传辅导系统等影响下，缩小范围后选择性的阅读行为；指导阅读是读者在产生了自发的或原始的阅读思想后，通过与馆员的咨询，或通过参加专题讨论会、报告会等，具有较准确的阅读目标和阅读内容的阅读行为。三种阅读活动，只有指导阅读效果最佳。所以，导读应是馆员针对不同读者的具体情况，通过语言交流和参与阅读活动来帮助读者进行阅读的活动或过程。

（二）产生导读的原因

导读，是近年来先在一些高校图书馆中出现后来在一些公共馆也相继出现的一种服务方式。图书馆员在流通服务的过程中根据读者的需要给予一定的指导，帮助他们选择正确的阅读范围和书籍。开展导读是图书馆一项十分重要的工作，图书馆作为教育职能部门有责任、有必要对读者进行正确引导，纠正其错误的阅读方向和不良阅读习惯。

图书馆所收藏的图书资料只有为读者借阅才能体现其价值，才可能转换为推动社会进步的生产力，图书馆与藏书楼的区别也集中体现于读者工作及其相应的教育职能。读者借阅率越高，新图书、新资料、新知识、新信息越能及时地传播给读者，图书馆自身存在的价值就越大。因此，读者工作被公认为是图书馆一切工作的核心，也是图书馆工作的出发点和归宿。信息量的增大、科研活动的深化，以及文献获取与加工手段的现代化，使图书馆主动向用户提供咨询服务成为必要和可能，而导读又是直接面向读者的一项工作，因此，导读成了图书馆服务中的基础。

就社会发展的需要来讲，高科技革命、信息产业的发展等社会发展因素，造成了职业的更替、人才的流动；而人才流动和职业的转换需要人不断学习和培养自身才得以完成，要达到学习与自身培养的目的就得摄取知识，摄取知识要靠阅读，阅读就必须懂得阅读方法和技巧。导读就是以教读者阅读方法和技巧为目的的服务。

另外，"终身教育"思想要求读者具有良好的阅读方法。所谓终身教育就是"人们在一生中所受到的各种培养的总和"。其理想是：对社会来说，建立一个学习化社会，对个

人而言，是造就能够在现代社会中应对各种变化并发挥个人独特才能的创造者；终身教育的思想是"活到老、学到老"，要求人不断提高自身素质，学会学习，而要学会学习就要先学会阅读。图书馆是读者业余自修的主要场所，因此给读者介绍正确的阅读方法则显得尤为必要：学会阅读既可以节省读者学习的时间，又可以不浪费读者的精力，使读者在阅读过程中取得事半功倍的效果。

在知识爆炸、科学飞速发展的当今时代，新知识、新信息及其载体——图书、资料、胶片、光盘等，从形式到数量，都在以惊人的速度发展着。信息爆炸取代了早期的信息贫乏。尤其在图书馆浩如烟海的馆藏文献中，由读者自己选取学习、工作、生产或科学研究所需的文献就像大海捞针一般困难。同时，社会读者往往都有自己的本职工作，或学习，或生产，或对某一专题进行深入研究，他们必须把主要精力放在各自工作中去，没有足够的时间去研究图书资料的流通、收藏、管理理论。因此，在借阅图书、查资料时常有一定的盲目性。作为图书馆，如果能够及时对一次文献进行归纳、整理，以最简洁的形式提供最新的研究成果及其领域的发展动态，必将大大节省读者的时间和精力，开阔大多数读者的眼界和引导部分读者的选择研究方向，同时，也提高了自身存在的价值。

二、导读的原则及研究内容

（一）导读应遵循的原则

导读是图书馆读者工作的核心和灵魂。其任务在于提高读者掌握与运用文献的能力，从而提高阅读效益，导读必须遵循以下原则。

1. 遵循科学性原则

导读作为一种对读者的教育活动，必须以当代科学的最新成就为基础，主要体现在三个方面。

在阅读内容上，要宣传和推荐反映当代科学与技术水平的优秀文献，掌握相应学科或特定范围内的主要著作与最新文献，从而使读者以最少的时间和精力获得最系统、最先进的知识。同时，还要帮助读者提高对文献质量的识别能力。

在阅读方法上，要根据各类型读者群的阅读动机、兴趣、目的与相应的心理特点，根据认识过程不断向深广发展的规律，循序渐进地使读者掌握科学的阅读方法。要使读者通过实践学会科学地运用各种阅读方式，以及知识信息的加工整理方法。

在阅读指导思想上，应以辩证唯物主义和历史唯物主义的观点来指导阅读。

2. 遵循主动性原则

导读的主动性日益突显，已经成为当代图书馆读者工作的一个显著特点。导读的主动性要求馆员主动了解读者的需求，并予以相应的指导。导读并不是一个单纯的传授与灌输的过程，而必须注意启发与引导，对读者的主观愿望也不能无选择地全部满足，而必须根据图书馆的任务和社会进步的客观要求，使不恰当的愿望有所转化。凡此种种都要求导读必须贯彻主动性原则。

3. 遵循针对性原则

由于读者数量庞大，类型结构复杂，千篇一律的导读难以取得切实的效果，因而必须在研究和区分读者的基础上，针对不同读者的特点来进行导读，要加强针对性，克服盲目性。图书馆员要根据所学不同专业及不同的心理状态，即知识结构和思维规律等特征进行特定内容和方法的导读，这就是针对性原则的要求。

4. 遵循激励性原则

相对于学校课堂教学工作，导读工作不是单纯传授和灌输的过程，主要是引导读者自学，它没有教学大纲，没有教学进度，其特点是非强制性的。因此，要想取得理想的效果，就得坚持正面激励的原则。

（二）导读研究的具体内容

导读是以阅读为前提而产生并存在于人类社会的始终。其中涉及导读者、文献、读者。导读者是导读活动的主体，读者是客体，文献是载体，导读活动取决于主体的精神。导读是以读者研究为基础的，即以读者的阅读心理、阅读规律、阅读动机、阅读倾向、个体阅读差异、读者社会背景对需求的影响等为研究对象，以目录学、版本学、校勘学等知识为前提，以熟悉文献、研究文献为条件的。其具体内容包括：①导读的作用和意义；②导读史；③导读活动过程；④导读的形式；⑤导读的技巧和方法；⑥导读效果的研究和评价；⑦导读者的素质和能力；⑧导读研究的相关学科及其应用。总之，通过对导读行为的研究，可使导读工作不断发展，逐步形成自己的理论和方法。

三、导读工作的任务及开展意义

（一）导读工作的主要任务

具体来说，导读工作的任务主要有以下几个方面。

1. 解决怎样找书的问题

图书馆的藏书不但数量庞大、类型多样，而且内容十分广泛，对许多读者来说，图书馆是一座迷宫，其馆藏资源及特点如何、藏书布局如何、藏书如何分类、图书如何排架、目录如何利用、工具书怎样利用、信息如何获取、借阅书刊有何规则等，都是读者必须了解掌握的基本知识。如果读者缺乏这方面的知识，则很难找到所需的资料，就会满怀希望而来，失望而归。因此，解决怎样找书的问题，也是导读工作重要的一环。通过导读，使读者在获取知识的过程中摆脱"书海捞针"的困扰，为读者获取所需文献提供捷径，减少读者为收集查找资料耗费的时间和精力。图书馆工作人员借助自己的图书馆专业知识和经验，对读者进行积极的指导，就能使读者从浩繁的书刊资料中有效获取所需资料线索，达到"广、快、准、精"地选取有价值、最适合自己的读物，以便更好地从事学习和研究。

2. 解决读什么书的问题

在图书馆工作中，我们经常碰到读者要我们介绍或推荐好书的问题。很多读者对书籍管理制度的演变及我国传统的分类学、目录学、版本学等读书治学的基础知识缺乏了解从读者反映的情况来看，许多读者选书时随意性、盲目性很大，读书效果很差。为了指导读者选择图书，我们应该投入大量的时间和精力，与学校各专业教师或专家学者通力合作，编制各学科专业的《导读书目》《现代人才必读》或《人生必读》之类的推荐书目，把读者的素质教育从课堂教学延伸到课外实践中去，引导读者读好书，读有益的书，从而实现导读工作以优秀图书教育读者的目的。知识只有在一定的结构中才能转换成能力，过去那种直线式、平面性的知识结构已与现代化人才的培养需要极不相适应。立体型结构的知识才是当代人应具备的合理知识结构，即不仅要有本学科的专业知识，还要有相关学科的知识及其他一般学科的知识等。因此，导读工作中要引导读者博览群书、扩大视野，使其具有多方面的能力。

3. 解决怎样读书，怎样用书的问题

读者获取知识能力的强弱，直接影响着自学的水平及独立研究的效果。很多读者读书漫无目的，没有长远打算，读书时粗枝大叶，囫囵吞枣，不求甚解；或迷信书本，生搬硬套，不能活学活用书本知识。因此，我们既要用正确的读书方法帮助读者，又要培养他们学以致用的创新能力，即不仅要授读者以鱼，更要授之以渔，培养他们自主学习、独立思考研究的能力。图书馆应有目的、有计划地对读者开展文献知识的教育，指导学生学会并掌握检索文献的方法和技能，提高查阅文献知识的能力，使读者学会在文献知识的宝库中更快、更好地获取所需，为今后有效地获取和更新知识打下基础。

4.要引导读者护书爱书

书籍是人类知识的载体，根据这几年的反映看，一部分读者不爱惜书，馆藏刊物的污损、撕毁、偷窃现象屡禁不止。对此，我们的导读工作应积极引导读者自觉养成知书、懂书、护书、爱书的良好习惯和品质。

（二）开展图书馆导读工作的意义

导读服务是为图书馆传统服务对象——读者开展的一种重要服务形式，是馆员在了解读者需求的基础上，将其需求便捷地导向其所需文献及其内容，按社会需求有目的地主动影响和干预读者正确利用图书馆信息资源的活动。[1]在全民阅读活动中，导读是促进读者利用图书馆的一种主要形式，因此导读服务更有其现实重要意义。

从大的方面讲，图书馆要真正发挥两个职能，使有价值的文献资源得以充分利用，不引导读者去正确而有效的阅读是不可能实现的；图书馆要成为未来社会知识产品的分配中心，不开展导读工作也是不可能的。从图书馆内部工作来看，导读工作是图书馆读者工作中最积极、最富创造力，而且是前景最广阔的一项工作；导读工作与情报服务工作像并驾齐驱的马车，合力将图书馆读者工作拉向一个更高的层次；图书馆要开展主动服务，除了协助和辅导之外，我们更应重视导向工作，这反映了一个馆员的素质和业务水平。

时代发展到今天，人们对新知识、新信息的需求越来越多，任何一个人都不可能单纯从课本上学到自己一生所需的全部知识，信息时代要求每个人不仅仅满足于学校的学习，而是要求每个人都应不断地更新知识，即接受终身教育。因此，获取信息的能力，尤其是自我学习的能力，是跨世纪人才应当具备的基本能力。引导和培养读者的自学能力历来是图书馆义不容辞的责任。图书馆不仅是要把书刊提供给读者阅读，更重要的是要把如何利用图书馆的金钥匙交给读者，使读者学会有目的地检索、搜集、分析文献信息的方法。具体来说，图书馆开展导读工作的意义可归纳为以下几个方面。

首先，导读工作是图书馆有特色的深层次服务。未来图书馆强调文献的传递，而不是贮存，人们将根据图书馆所提供的服务而不是其所拥有的财产来评价它们。因此，注重读者、注重服务、追求服务效益将是做好导读工作的目标，也是图书馆在21世纪的立身之本和竞争之道。处在网络环境和知识经济时代用户的生活和工作节奏都很快，时间非常宝

---

[1] 周玉霞.图书馆读者导读服务探析[J].科学大众（科学教育），2017（10）：120+143.

贵。读者进入图书馆的任何一个部门都希望能快、准、全地查找到所需信息。如果每个图书馆都拥有一批业务水平高、经验丰富的导读馆员，他们对馆藏文献了如指掌，掌握网上信息的搜索技术，能对读者阅读进行及时、必要的指导，并且能为读者提供他们所关心问题的进展情况，就会帮助读者在借阅活动中少走弯路。这样，就会形成其他机构如网吧、书店等场所都无法具备的优势。因此，导读工作是图书馆有特色的深层次服务。

其次，从图书馆教育职能的特点出发，我们认为坚持以"书"育人，发挥馆员主动性，有目的、有计划、有步骤深入而系统地开展导读工作，是图书馆弥补应试教育的不足、发挥素质教育职能、参与并服务教育的主导途径。可以说，开展导读工作是图书馆由被动服务向主动服务转变的标志，是图书馆读者工作的重要内容。导读工作的好与坏已经成为衡量图书馆办馆水平的重要标尺。图书馆教育职能的特点决定了图书馆导读工作必须根据自身的优势，紧紧围绕丰富的馆藏信息资源做文章。这一点，既有别于耳提面命的课堂教学，也有别于党政部门紧跟形势所进行的政治理论宣传教育。

历史上导读与家塾教育思想及学校教育观念相联系，并随时代的政治思想环境的改变而变化发展。如今，我们已经进入了文献信息数字化、传输网络化和经济全球化的知识经济时代。素质教育、继续教育和终身教育等思想的提出，尤其是社会信息化与网络化的发展，加上受教育的对象从学校学生扩展到社会的全体成员，导读与教育学、目录学、社会学、读者学、文献学等连成一体，共同担负社会教育职能，联系全社会的精神文化生活。

衡量一个图书馆工作水平的基本标志是其服务质量的高低，归根到底是图书馆投入与产出效率的高低。导读工作是根据社会发展的要求，采取各种有力的措施主动吸引和诱导读者产生阅读行为并积极地干预和影响其阅读行为，从而以提高读者的阅读意识、阅读能力和阅读效益为目的的一种教育活动。导读工作是图书馆履行其职能、提高其服务质量的有效手段。

读者是图书馆永恒的主人，图书馆的所有工作都是围绕读者需求而运作、进行的，所以探讨图书馆导读工作，对于充分发挥图书馆的功能、提高图书馆利用率都具有十分重要的意义。

第二节　图书馆导读工作的有效方法

图书馆系统地搜集、科学地整理和保存各种文献资料，其最终目的是让读者利用，使图书发挥其社会效益。而读者要很好地利用这些图书,在很大程度上要依靠图书馆工作人员的导读工作。导读作为指导或引导读者正确利用文献资料一种行为,其目的是提高馆藏利用率,真正做到"为人找书、为书找人",在读者与书刊文献中发挥纽带与桥梁作用。导读工作开展得如何,将直接影响着读者利用图书馆,并制约着图书馆整体效益的发挥。

导读工作可采用多种形式,内容也较广泛,以期达到宣传优秀书刊,激发广大读者的阅读兴趣,提高图书文献的社会效益或经济效益的目的。

导读的方式很多。它不仅有语言性导读、文字性导读、实物性导读,而且还包括声像性导读和综合性导读等。其种类主要可归纳为书目参考咨询服务、各种形式的借阅指导、图书宣传工作、指导检索目录等。对不同的读者对象应采取不同的导读方式。

一、引导读者合理利用图书馆

导读工作是通过引导读者合理、科学、正确地利用图书馆及图书情报,来达到预期的社会教育目的。第一次进图书馆的读者没有接触过浩瀚的藏书,不了解图书馆在教学科研方面的地位、作用,这时图书馆工作人员可向新来读者介绍图书馆的性质、职能、任务和发展概况,讲解图书馆藏书结构及使用方法;介绍本馆的服务设施及分布、服务手段、借阅规则、目录体系及检索方法等,使读者初步树立起图书情报意识,吸引他们步入图书馆,受益于图书馆。介绍方法可采用集体讲座形式,或把学生请进来边参观边现场讲解,或者印发"图书馆读者指南",或者放录音、录像等。

二、传授阅读方法,提高阅读能力,开发读者潜能

很多读者读书缺乏明确的目的,读书方法不当,效率不高,或者死读书,读死书。因此,我们既要帮助读者使用正确的读书方法,又要培养他们学以致用的创新能力,培养他们自主学习、独立思考研究的能力。导读工作是一种教育性质的工作,这种性质决定了图书馆要利用自己的资源优势,开展读者教育。

传授阅读方法,提高阅读能力,开发读者潜能是图书馆导读工作中借阅指导的重要内容,也是终身教育的必备条件。首先是阅读观念的教育。阅读观念是指读者对阅读的看法、态度,它影响着一个人的阅读数量和阅读质量,是阅读活动的动力。因此,在导读工作中,首先就要教育读者树立正确的阅读观,端正阅读态度。把阅读观当作人生观的一部分来对待,倡导终身阅读、系统阅读、联系实际的阅读。其次要传授阅读方法,提高阅读能力。基本的阅读方法主要有略读、概读、导读、精读等。阅读能力主要有记忆能力、理

解能力、评价能力、快读能力、文献检索能力等。这些方法和能力的培养应该贯彻到导读工作的每个环节之中，同时要通过各种方式，组织一些活动和竞赛使这些能力引起读者的重视，让读者认识到这是在21世纪自我发展和自我完善的必备素质。最后，还要开发读者的阅读潜能，激发读者的阅读兴趣，培养他们的良好阅读习惯，克服一些读者多变、不稳定的阅读兴趣，强化阅读意识，把读者潜在的阅读需求激发出来。

三、采取不同形式的借阅指导

导读工作要以提高读者查阅和利用文献的能力，以及他们的阅读修养及阅读效果为主要目标。

（一）了解阅读需求

要搞好导读工作，必须要了解读者的阅读需求，做到心中有数。将此项工作建立在读者阅读需求的基础之上，这就要求图书馆把调查读者的阅读倾向当作一项经常性工作来抓。比如高校图书馆，至少每学期应搞一次这样的调查，以便在此基础上制订可行的导读工作计划，确保这项工作有成效。在开展导读工作中，虽然有图书馆"干预"和"扭转"读者阅读兴趣的一面，但同时也存在"顺应"读者阅读潮流的一面，这两个方面工作都很重要，不可能只强调一方面。

（二）指导阅读目的

教育读者树立正确的阅读目的及指导他们"怎样用书"，是导读工作的重要内容。读者走进书刊辅助书库后，可以进行广泛的阅读和涉猎，起到消化、充实、扩展课堂学习内容的作用，还能扩大视野，增加信息量；尤其是第一次进图书馆的读者，什么书都想看，或者面对书海，不知要看什么书，而对自己真正想看的书缺乏针对性，图书馆有责任帮助他们克服借阅中的盲目性和随意性，做好借阅的向导。

（三）激发阅读兴趣

教育效果如何，取决于激发读者阅读兴趣的效果，取决于图书馆文献资源开发利用的深度和广度，图书馆既要提高现有读者群的借阅兴趣和求知欲望，还要激发潜在读者群的阅读兴趣。图书馆要千方百计地创造条件，向潜在读者提供合适书刊；通过建设良好的读书风气，启迪潜在读者的借阅兴趣；研究、了解潜在读者在知识积累中的空白，有的放矢地为他们提供所需导读书目和书刊文献；在提供专业知识书刊的同时，还要提供有开拓意识和竞争意识的图书文献，把他们吸引到图书的海洋里来。

四、指导读者利用检索目录与工具书

（一）正确使用检索目录

图书馆的目录体系对图书馆的工作人员来说是比较熟悉和易于理解的，但对于读者来说，无论是新读者，还是老读者，都很陌生，在使用过程中难免会遇到各种困难和解决不了的问题，难以准确快速地检索到自己所需的图书资料。因此，作为图书馆的工作人员，就应该发挥自己的专长，去指导读者，帮助他们解决检索中的问题，提高他们的检索效率。

1. 全面正确地了解目录体系

所谓检索目录，就是揭示图书馆藏书、帮助读者挑选和查找资料的工作。目录一般分为书名目录、著者目录、分类目录、主题目录四种。

书名目录：是依据图书的书名排列组织而成的。当你需要某本已知书名的图书时，就可以照此目录检索。它的排检方法有笔画和笔形法、四角号码法和汉字拼音音序法三种形式。以汉语拼音音序法为例，比如我们要借阅巴金的《雾雨电》时，书名的第一字是"雾"，查字母音"W"便可查到所需图书。

著者目录：是按著者的名字组织起来的排列顺序排检方法同书名目录。比如，要查找鲁迅或托尔斯泰的著作，可先查作者的姓，再找到名，便可找到你所需要作者的有关方面的论著了。

分类目录：是按照科学分类的体系，依据图书的内容，分门别类排列组织而成排列顺序的。比如你要借有机化学方面的书，就可以通过分类目录先在自然科学部类找到化学这一类目，然后便能很快查出有机化学方面的书籍。在查找过程中，往往还会发现与之内容相同或相关的许多书，扩大了眼界，获得更多的有用书籍。

主题目录：是采用规范化的词或词组来分编组织的一种目录，是供专题研究特指性的检索工具，多为专业人员查找文献资料所用。

2. 如何正确地查找目录

在读者查找目录时，会随时随地进行咨询，图书馆工作人员应及时为读者解答有关问题，给读者示范查找文献时应介绍目录检索方法，帮助读者学会利用图书馆的目录，使他们更好更快地检索到他们所要借阅的图书。

（二）正确利用工具书

所谓工具书，就是把各类或某一门类的知识域资料按一定的编排方法汇集在一起供人们查检用的书籍。它是前人科学知识的荟萃结晶，主要是帮助我们解答疑问，找到所需专业的阅读内容和线索，提供研究资料和研究成果。读者在读书或写作过程中往往需要查找一些资料，尤其是社会科学读者，工具书更显得必不可少。随着科学技术知识的不断发展，工具书的内容和种类也在不断丰富和增多，但有的读者对工具书不甚了解，不能顺利运用工具书来解决学习中的种种疑难问题。作为图书管理人员则必须指导读者正确利用工具书，只有正确使用，才能发挥工具书更大的社会效益。总之，图书管理人员要引导读者熟悉工具书的种类，了解工具书的查阅方法，帮助他们解决在查阅工具书时所遇到的困难。

五、提供书目参考咨询服务

（一）书目与提要

书目是对图书和其他单独成册出版的文献特征的记载和描述。导读书目包括推荐书目、专题书目、必读书目、科学通报书目、馆藏书目和评选书目等。导读书目是经过选择图书、择别故书、叙录提要、品评得失等，对古今学术文化进行系统的整理与阐释，尤其是对经过时间检验的经典性著作的推荐，节省了读者的宝贵时间，充分发挥了引导阅读的作用。

导读的实质，就是对文献内容的揭示。它是茫茫书海中的一把金钥匙，能够让读者更迅捷、更有效地吸纳所需信息。从导读书目的角度来看，首先要依类划分，有针对性地编制综合书目、专题书目、个人著述书目和书目指南；其次编好重中之重的专题书目，使它具有明显的选择性、权威性、引导性、评价性；就导读方式而言，必须正确处理好揭示文献外形特征与内容之间的关系，应该以揭示内容为主。所谓"辨章学术，考镜源流"正是我国目录学的精华和优良传统。同时，要处理好揭示文献内容广度和深度的关系，还应该有效地揭示文献的变化情况及其社会影响。

提要最初被称为叙录或解题，是我国目录学的优良传统之一。它的主要任务是向读者提示图书的中心思想、内容梗概、作者生平事迹、文献的社会价值等，能帮助读者鉴别和选择文献。提要可以是推荐性提要——揭示图书内容，向特定的读者推荐，带有评价性；也可是叙述性提要——揭示图书主题、思想和主要特点。推荐提要是较好的导读方式。

（二）著录与注释

著录把每一种文献的基本特征，如书名、著者、出版社、出版年、版本和附记等，按一定的著录规则，通过著录事项来进行揭示和报道。文献的著录通常以卡片目录和机读目录的形式出现，是最基本的导读方式之一。

注释是基本著录的补充，是对文献内容、语汇、引文出处等所作的说明，也是揭示文献最灵活的方式之一。其特点是"理疑晦者则释之，无疑晦者则以类举"。

（三）文摘与索引

文摘是把各种文献以简明扼要的文字摘述其主要内容做成的一种摘要。它一般是按学科或专门研究课题将有关的最重要的最新出版的论著，以简要的文字叙述其主要内容，然后以文摘杂志的形式出现。文摘分指示性文摘和报道性文摘。文摘由于浓缩了文献的主要内容，对于迅速查找与研究课题密切相关并有参考价值的文献，能以最快的速度达到最佳的效果，节省读者的时间和精力。

索引是将书籍、期刊等文献所刊载的题目、作者，所讨论的或涉及的学科主题、名词、术语，所引用的参考文献等，根据一定的需要，经过分析分别摘录出来，注明其所在书刊的页码，并按一定的原则和方法排列起来的一种检索工具。索引主要分为篇名索引和内容索引。借助索引，读者可以找到各种文献资料的出处，是一种较为常用且有效的导读方式之一。

（四）书评与指南

书评是从思想观点、科学价值、现实意义等方面对图书进行分析、评论和介绍，是深层次的文献揭示方式。它分专书评价和专题图书述评两种。书评可以点评优劣、交流思路、推荐好书并指导阅读。这种方式能激发读者的阅读兴趣，并为读者所接受。它是从思想、科学价值、实际意义诸多方面对图书进行的分析、评论和介绍，是在更为深刻的程度上揭示图书的基本方法之一。

指南是一种导向材料，其基本内容符合图书馆导向目标的要求，但应该把读者放在首位。图书馆为读者提供适时的指南，如专门科目文献的指南或当前公众关注的课题文献的指南等。

（五）图息标识系统与咨询服务台

图息标识系统是为使用图书馆提供导向的最基本的途径之一，包括路标、馆内导标、特殊标识等。图息和各式标识须简单明了，适用于不同类型的读者，帮助读者找到方向，尽快利用某种已给出的工具或某一类型的文献资源。

读者进入图书馆，可以向咨询服务台的工作人员提出各种问题，工作人员针对读者的个别借阅问题和需求加以耐心解答指导。咨询服务台的个别指导不仅能为读者借阅提供目录查找上的急救帮助，而且可以在阅读的深度和广度上进行细致的指导服务。咨询服务可帮助读者释疑解难，扫除读者在借阅书刊中的障碍，是导读的重要内容。在高校，咨询工作的基本方式是遵照国家教委规定由图书馆开设"文献检索与利用"课。开设本课可培养学生的情报意识，使学生掌握检索和利用工具书查找资料的能力，从而极大地提高学生的阅读效率。其他类型的图书馆可效仿高校，开展类似的培训。图书馆咨询服务有多种形式，有预约咨询，定题、专题、选题咨询，阅读指导咨询等，解答读者提出的各种问题，有选择地为其提供文献，也可以给读者指明思路，让读者自己去找寻，从而提高其独立思考的能力，提高其对检索工具的认识水平。

（六）导读报刊资料

专门为宣传图书，推荐好书和指导阅读而编辑出版的导读性报纸、期刊、简报、手册，是图书馆导读工作中采取的重要方式。例如大众性的报刊，像《读书》《博览群书》《中华读书报》《书屋》等都起着很好的导读作用。

对于专业参考书的导读，图书馆可定期与研究所、高校等科研单位进行联系，获得最新的专业参考书单。各专业阅览室按照参考书单，结合书库实际情况，增补阅览室教学参考书刊，以保证读者的基本需求。学生在大学学习期间，应该系统、全面地掌握本学科教学参考书单，并认真阅读。图书馆可编制"专业参考书目录"、编制"各学科核心报刊推荐目录"及"高校毕业生撰写论文参考书目"等，供学生参考借阅。目录形式可采用书本式或卡片式，起到导读书目作用。还可以有选择地编制必读专业参考书的文摘、题录、索引等二次文献，使读者在较短的时间内，系统地了解大量专业参考书的缩影，为读者提供浓缩的专业用书综述，以方便读者检索和利用。

实际工作中，我们应针对不同的读者群，采取编制书面资料和举办阅读辅导报告双管齐下的办法，充分借助现代技术手段，有效地提高文献利用效能。尤显重要的是，图书馆与读者之间更需要一些互动式交流，在思辨和切磋之中，实现导读的引导功能。唯其如此，不仅读者的信息获取能力和文献利用率会大大提高，而且图书馆员也才能真正起到知识导航的作用。

第三节 图书馆导读工作的发展趋势

一、图书馆导读工作的现实基础

以提高读者阅读意识、端正读者阅读目的、辅导读者阅读内容和培养读者治学方法等为内容的导读工作，是图书馆发挥其教育职能作用的重要内容之一。因此，我国各类、各级图书馆都十分重视读者导读工作的开展。与此同时，许多学者、同行也就导读的意义、内容和方法进行了深入的研究与实践，并取得了可喜的成效。由此看来，图书馆开展导读工作的历史作用已得到充分肯定。

然而如何更有效地开展导读工作，却是一个值得探讨的问题。因为它涉及的内容十分广泛，并要求信息的及时性、超前性和准确性。

导读中还存在以下问题。

第一，图书馆导读工作深度不够。目前，图书馆的导读工作，停留在较低水平上，如定期出新书目录，对新书进行评介、推荐，设立读者工作咨询服务部等，但忽视了一项最重要的工作，即阅读方法的指导。读者来图书馆不一定全是为某个科研项目查询资料，更主要的是求知，高校图书馆、中小学图书馆及专业图书馆的读者更趋向于此，而求知必须有一定的求知方法。因此，加强阅读方法的指导和研究便成了图书馆导读工作的重中之重。

第二，网络环境下的导读工作能力亟待加强。21世纪是信息技术时代，知识与信息的生产、储存、传播和使用都发生了很大变化。这既给图书馆带来了乘势发展的机遇，同时也带来了新的挑战。导读工作的内容也发生了巨大的变化。众多媒体为导读工作提供了丰富的信息资源，其中绝大部分信息内容具有科学价值，但也不乏拜金主义、低级趣味、暴力甚至色情内容，正因为如此，导读工作才显得尤其重要。仅仅以指导读者应该读什么书和不应该读什么书，以及如何读好书为内容的导读工作，从本质上说是传统意义的图书馆导读模式。如何适应新形势，在网络环境下做好导读工作，是我们目前亟待加强的工作。做好这项工作的前提是要求我们导读工作者具有敏锐的政治洞察力，同时具备网络知识和计算机应用操作能力。这样才能在良莠不齐的信息资源中筛选精华，剔除糟粕，紧密结合本馆读者的实际情况，突出知识性和科学前沿性，精心制作网页或编制网络导航目录，满足读者的要求。目前各个图书馆的导读工作者虽然谙熟传统的印刷文献导读技能，但不少人对网络环境下的导读工作方法和技巧却知之甚少，给导读工作的开展带来了极大的困难。

第三，图书馆导读工作人员的业务能力有待加强。随着导读工作的兴起，各类、各级图书馆都十分重视读者导读工作的开展，并成立了专门的导读工作队伍，但服务内容往往只能解决一般性的问题，如告知读者到某大类去寻找所需要的书籍与期刊，而不能有的放矢地为读者指点迷津。读者面对丰富的馆藏，也只能是望书兴叹，大海捞针。导读是引导与阅读的科学结合，是以文献信息资源为中心，引导读者与读物之间相互交流的活动，深入持久地开展导读工作，关键在于图书馆工作人员素质的提高。

第四，对外缺乏主动性、直接性。长期以来图书馆确实有一种"惰性"，主动为广大读者提供服务的意识不强。读者不了解图书馆，图书馆对自身的宣传力度不够，以往图书馆为改变现状而开展的导读工作，诸如推荐书目、图书介绍、书评文章等仅在馆内以板报或橱窗的形式展示，难以形成强大的声势，不足以引起读者的重视。如果激发读者广泛参与的热情和主动性，进行推荐书刊、揭示馆藏、书目导读、书评竞赛等导读活动，就容易顺利进行下去。例如，以书面形式为主的导读活动，缺少互动性，读者的实际问题不能得到及时解决，久而久之势必影响读者利用图书馆的积极性。阅读辅导是对读者的阅读目的、内容、方法等方面给予直接的指导和帮助。然而已经开展的导读工作，缺少与读者面对面的直接交流，不了解读者阅读的目的、内容、方法和效果，从而导致不能为读者直接解决阅读当中存在的问题，只有采用有读者参与并能看到读者反映的交流形式等，才能体现导读工作的优势。

第五，对内缺乏协调性、积极性。导读工作在图书馆内部的重视程度不够，缺少一个统一、协调的权威组织。一方面，在具体操作中，缺乏系统的规划与组织，部门之间各司其职，少有协作；另一方面，导读缺乏积极性，一是工作人员素质问题——图书馆的整体素质还不是很高。"安置家属"现象十分普遍，员工的知识结构存在着差异，有一部分馆员没有导读意识，满足于借还行为，不能胜任导读工作，无法满足读者多层次、高水平的导读需求。二是图书馆领导层对导读工作的重视问题——领导不重视，势必影响馆员开展导读工作。

二、现代技术对导读工作的影响

导读是一种以传播文献信息知识为手段，以育人为目的的读者教育活动，导读是为了保证文献信息的充分和有效交流，帮助读者提高阅读技巧和阅读效益。回顾历史，关注现实与未来，图书馆将面临一种全新的信息环境，伴随着20世纪90年代开始的文献信息数字化和信息传输网络化进程，各种载体的文献信息大量增加，各种信息技术得到广泛的应用。图书馆事业不可阻挡的数字化进程对导读工作的影响是巨大而深刻的，其明显的变化是：文献信息的大量增加和信息载体的多样化，必将打破以纸张印刷品为主要收藏对象的传统图书馆的格局；各种信息技术，包括计算机、数据库、多媒体、网络等技术的普及与应用，必将动摇作为文献资源中心的图书馆的地位。图书馆的读者需求不再是以拥有数百万藏书并以手工操作为主要运作手段的传统图书馆模式能够满足，而是以共享程度更高、能快速地控制和传输信息、有效地组合各种有用信息的服务模式为选择标准。

这些变化使图书馆导读工作必然要选择共享程度高、能迅速地传输和控制信息、有效地组合各种有用信息的模式。与之相适应的导读手段、导读方式、导读主体、导读成果等也发生了相应的变化。

（一）网络信息资源导读成为重要领域

随着现代信息技术的发展和应用、图书馆藏书中电子出版物数量的不断增长、因特网上的信息资源的开发和利用，需要把导读工作引向指导读者了解数字图书馆、电子出版物和因特网等网络组织，指导读者熟悉和掌握网络信息资源检索工具。例如，利用搜索引擎获取网上信息，选用远程登录功能进行国际联机检索，利用电子邮件接收各种有价值的信息等。同时，还可以向读者介绍各种综合性、专题性数据库的收录范围及检索方式，检索途径和检索策略，以便让读者提高获取知识的能力。

传统导读以图书馆的藏书为基础，以指导读者读好某些书为活动内容。而网络信息资源导读则以网络环境为活动空间，以引导读者开发和利用网络丰富资源为基本目的。在现在和将来网络导读需要考虑对网址进行控制与网罗，对特定主题的专业文献进行整理与引导。图书馆根据读者的需求，有目的、有步骤地对网络信息资源加以合理的组织，并形成一个引导读者获取所需信息的引导系统，使他们在最短的时间，得到最经济、最满意的结果。

（二）导读对现代信息技术的依赖性更强

现代信息技术具有的电子邮件（E-mail）、远程登录（Telenet）、文件传输（FTP）、电子公告（BBS）、网络新闻（Netnews）、全球浏览（WWW）等功能，可以实现全文本、超文本和多媒体的信息传输与检索的国际互联网，需要在计算机、通信、数字化、数据库、多媒体、人工智能和虚拟现实等技术手段的支持之下来实现。信息技术在图书馆中的运用，使得文献信息资源呈现多元化，而网络信息资源拓宽了读者的阅读范围与选择空间。当然导读工作离不开现代信息技术的支持，也就是说，导读对现代信息技术的依赖性更强。

互联网在全球的开通和迅速扩张，使得互联网成为世界用户最多、影响最为广泛的网络互联系统。网络信息资源类型多，涉及面广，文献信息的搜集、筛选和揭示应走在导读之前。网络导读不能只是对网站加以搜集和链接，或只提供很简单的说明文字，而是要反映出站点的类型、内容和特色，对资源进行深层次揭示，并加以适当的评论和推荐，引导读者充分利用。而这一切都必须依靠现代信息技术才能进行和完成。

（三）导读的方式将是多样化的统一

传统导读侧重于人文学科的阐发，现代科学与信息技术的应用将使导读逐步走向科学化，并充分体现科学与人文精神的整合。过去的导读以推荐文献、引导读者阅读、提高阅读能力为目的。现在导读正转向正确查找和使用各种不同类型的出版物的引导，尤其是进行电子出版物、网络查寻等导读，使读者"得其门而入"。导读内容逐步从单一的文献服务向综合性文献信息服务拓展，尤其是计算机、数据库和互联网等技术的应用，使导读呈现出专业化与综合化、精约化与大众化、科学客观化与个体主观化并存；针对不同载体的文献信息的不同导读方式将长期并存，共同构成社会导读大系统。

（四）导读工作内容发生巨大变化

导读工作需要对大量信息资源、众多媒体进行专业性判断，选择真正有价值的文献，筛选精华，进行网络导航。根据本馆的性质、任务和读者需求，在网上选择相应的电子期刊、电子图书和电子报纸；选择有价值的专业机构网站、专业网站的相应栏目；选择优秀作者和科研人员的个人网页；选择内容准确、更新及时、检索方便的权威数据库，分别描述其内容特色、检索利用方法、记录其网址，建立本馆的网上信息资源目录。记录其检索路径，提供网络浏览导航下载转录、脱机浏览。如同收集印刷型文献一样，将网上最有价值的使用频率高的信息转录拷贝，移植到本馆的服务器上，建立镜像信息站点，在本单位或地区的局域网上运行，使本馆用户可以"脱机浏览"，进行信息重组和信息再造工作，拓展信息功能，充分挖掘信息的潜在价值，把分散在各文献中的信息联系起来，进行信息重组，使用户更有效地利用信息。这一切工作都要在前期和幕后完成，完成后不断地将这些信息提供给读者。所以导读工作由即时性服务转向前期服务，导读的角色由台前变为幕后。

（五）导读主体发展扩大

导读工作并不限于本馆的人力和资源，不同图书馆之间的合作咨询服务比较常见，不同的图书馆可以通过互联网共同探讨交流导读经验。例如，大学图书馆可以充分依靠本校的人才优势，邀请学校中的专家、学者参与并承担一部分导读工作，尤其是组织他们为读者开设专题讲座和问题讲座等。

三、高校图书馆导读工作发展的两大趋势

由现代技术带来的影响意味着仅仅以一馆之藏为活动范围和以指导阅读为主要方式的传统导读工作，既不适应网络化时代的发展趋势，也无法满足以开发和利用丰富的网络信息资源为主要目标的读者需求。导读在继承优良传统的同时，要根据社会发展的需要，利用现代手段，通过各种行之有效的方式和活动去"干预"和"影响"读者的阅读行为。导读将从传统的偏重人文学科的阐发，转向运用现代科学理论与信息技术，走向科学化。因此，在网络环境下，图书馆导读工作的内容和方式已成为需要我们认真思考的一个新课题。

（一）图书馆导读工作的新领域——网络导引

1. 什么是网络导引

此处引入了"网络导引"这个词，是相对"图书馆导读"而言。二者不但有字面上的区别，而且还有概念上的不同，但它们之间又有内在的联系。

图书馆导读以图书馆的藏书为基础，以指导读者读好某些书为活动内容。而网络导引则以网络环境为活动空间，以引导读者开发与利用网络信息资源为基础目的。

图书馆藏书是实有的、唾手可得的。对读者而言、图书馆收藏的数十万、数百万，甚至数千万图书中，哪些书可读或适合读、应该读，哪些不适合读，甚至不可读，他们往往不容易把握。因此，图书馆就应根据不同情况，给予读者必要的指导或辅导，使其收到最满意的阅读效果，这就是传统图书馆导读工作的基本含义。

而网络信息资源，在物理结构上是一种虚拟的而且又是无序的资源，对读者而言，是一种陌生的，不能很容易就信手拈来的信息；图书馆根据读者的需求，有目的、有步骤地对网络信息资源加以合理的组织，并形成一个引导读者获取所需信息的导引系统。使读者可以在最短的时间，以最少的资金，得到最满意的结果，这就是开展网络导引服务的意义所在。

如此丰富的网络信息资源令人垂涎欲滴，但它的分散性和无序性又使人束手无策。对此，建立一个网络导引系统，以指引读者了解与获取世界范围的有用信息，是一件十分有意义的工作。

从上述可以看出，传统的图书馆导读工作与现代的网络导引服务，显然有不同的内容和方式。然而，正是这些不同的内容和方式，反映了社会信息化时代对图书馆提出的新要求。应当说，开展网络导引服务是传统图书馆导读工作的扩展，是导读服务的延伸。

建立网络导引系统，就是用虚拟网络的概念，有选择、有重点地将分布在世界各地

的有关信息源组织起来，形成一个开放、公开的有关信息源的有序集合。在网络环境支持下，用户不但可通过网络导引系统得知自己所需信息的分布情况，而且可以在导引系统的引导下，通过网络获取所需的信息。

2. 网络导引系统的目标

第一，形成一套既方便信息组织，又具有良好操作界面的用户查询支持系统。读者到图书馆来，不仅是想使用图书馆的馆藏，更主要的是想通过图书馆这个渠道，了解与掌握世界范围的有用信息。因此，建立一个具有良好操作界面的导引系统尤为重要。导引系统应当具有两大查询功能：一是对网上信息资源建立索引，为用户提供检索功能；二是对不同的服务器建立链接，为用户提供信息资源的分布情况。

第二，为方便统一管理和用户利用，网络导引系统可从本地服务器的URL进入，以本地的服务器主页中的一项引导菜单形式出现。其信息资源采用学科主题树浏览方式进行组织，以指引用户浏览有关数据库的数据，或指引用户到特定的URL上获取需要的信息。

第三，需要收集一批国内外信息源服务器的URL，以建立导引系统的导引页。URL，即统一资源定位器，类似于互联网上的钥匙，是访问所需信息库的唯一途径。它可视为全球定位系统，用于为互联网上的用户确定位置，以确保他们不会在信息海洋中迷失方向。互联网通过URL将全球联机信息资源有序组织成结构化形式。每个信息源服务器都存储着大量信息，拥有自己的URL，并提供"超文本"或"超链接"的主页。通过URL，我们可以检索该信息源服务器上的信息，还可以利用其超链接功能引导访问者浏览其他信息源服务器的URL。因此，系统化地收集并根据专业属性组织这些URL，就像在信息海洋中为读者架设了通向彼岸的航线。

收集URL可以利用互联网上提供的一些检索工具。互联网上的检索工具通常分为三类：提供交互式信息服务的，如WWW；提供名录服务的，例如WHOIS和NET-FIND；以及提供索引服务的，如Archie和WAIS等。这些检索工具汇集了众多信息源站点，我们可以从中挑选一些作为继续查找或相互引导的线索。然后，基于全面的收集和分类，构建相关的URL导引页。这将有助于读者更轻松地在信息海洋中找到他们所需的信息。

第四，对信息源进行持续深入的跟踪，不断积聚有关的原始信息资源。Internet上的信息资源，不外乎以下几种类型：文摘和目录型信息、电子报纸全文信息、全文期刊信息、数据和事实型信息、动态型信息。但是，其中相关的信息究竟有多少？分布在哪里？如何查找？这些问题对大多数读者来说是陌生的。为了节省读者的时间，我们应当有选择地对相关的URL进行持续深入的跟踪，并将存储在各个服务器上的重要信息及时下载。

经过我们的日积月累，一个针对性很强的信息资源库便可应运而生，其利用价值必定会远远超出人们的意料。

由于Internet上信息资源十分庞大，且处在随时变化更新之中，任何人想通过人工的方法在上面查找所有的信息几乎是不可能的。为了解决此类问题，国外的基本做法是利用网络机器人（Network Robot）技术来完成信息的自动跟踪与更新工作。这些网络机器人定期在Internet上漫游，当新的URL或新的信息出现时，就将其存储在本站点上。我们可不断地对这些站点进行跟踪，并对其更新的内存进行必要的整理与组织，以便充实自己的导引系统，这无疑是积累信息资源的一条捷径。

第五，为馆藏文献资源建立导引服务。在社会步入信息化的时代，由于人们的工作节奏加快，越来越多的用户选择了通过网络访问图书馆。所以，图书馆应当努力改变坐等读者上门的被动服务方式，充分开发现有的馆藏资源；加速文献的数字化步伐，并通过本馆的网络导引系统，及时地将馆藏文献信息提供给用户。

总之，开展网络导引服务，是顺应信息服务工作的发展潮流、继续发挥图书馆情报职能和教育职能的一个新的工作领域。

（二）图书馆人文服务的亮点——学科馆员

从导读工作来看，无论是书目的编制，还是各种导读方式的完成；无论是编制资料，还是举办辅导、开展互动式的交流，图书馆都迫切需要一支懂专业、懂外语、掌握现代信息技术、擅长文献加工、会经营的馆员队伍。这也是导读工作正常开展对基本人才的要求。20世纪90年代初出现的学科馆员制度顺应了这一要求，不仅给图书馆带来了新的服务增长点，使图书馆的服务体系更加完整，而且细化了图书馆的分工，使图书馆员从大一统的服务中解放出来，职责更加明确，服务更加到位。

1.学科馆员的引出

随着信息载体技术、信息处理技术和信息传输技术的飞速发展，图书馆正在步入全新的读者服务新时代。如果说传统图书馆是以文献为服务单元，注重读者群体概念的话，那么现代图书馆则是以信息为服务单元，强调以人为本的个性化信息服务。应该说，现代图书馆在网络信息环境下，为了满足读者个性化和多样化的信息需求，必须提供差别信息服务。这种差别信息服务，便对馆员提出了具备专业背景的要求。这就引出了学科馆员。

高校图书馆读者群不同于公共图书馆的特殊性，即读者主要是高校内的教学、科研人员和学生，对文献信息需求的专业性强。随着研究越深入、专业性就越强，要求也就更高。对于学科部门来说，没有图书馆优质文献信息服务的支持，规划和实施宏伟的教学科研项目将是无米之炊。这就要求图书馆要加强与教学部门的联系，紧密配合学校教学和科研的发展方向，尤其是重点学科的发展建设，按照具体专业或学科领域来组织、实施服务。从图书馆来说，建立了某学科领域的丰富的馆藏资源，开发这些资源是昂贵的，却没有相应的服务方式让教师、学生去使用，将是极大的浪费。在现代信息环境下，图书馆的服务重心已从一般服务向信息咨询服务转移，这也要求高校图书馆深入教学科研的实践中，提供针对性强的信息服务。要发挥图书馆在学校科研学者中的地位作用，就应在图书馆和学科部门之间发展一个动态、交互的信息服务模式。就要设立专门的馆员，各负责一个学科领域，与用户建立直接联系，深入了解他们的需求，从而有的放矢，提供对口服务。因此，既具备学科专业知识，同时又具备图书情报专业知识，能够有针对性地为教学和科研提供直接、便利、深层次的学术服务的学科馆员便在高校首先应运而生。

学科馆员制度是以学科为对象而建立的高级专业人员对口服务模式。作为一种以大学学科为对象而建立的高级专业人员的对口服务模式，其目的是加强图书馆与各院系的联系，为两者搭起了桥梁，建立起通畅的"需求"与"保障"渠道，进一步拓宽图书馆的服务范围，深化服务层次，加快科学交流和信息传播的速度；帮助教师、学生充分利用图书馆的资源，提高文献信息资源的利用率；使图书馆的服务更直接、更有针对性，使广大教师和研究人员能及时准确地获得最新文献信息，最大限度地满足其信息需求；同时改变传统的服务方式，为教学科研提供主动的、深层次的信息服务，以适应信息时代飞速发展的需要。学科馆员就是拥有某一学科（专业）领域的扎实知识的图书馆馆员，负责在其特定学科（专业）领域开展一个或多个方面的图书馆业务工作或参考服务。学科馆员在不同单位的称呼是不同的，如学科馆员（subject librarian）、学科专家馆员（subject specialist librarian）、联络馆员（liaison librarian）、学科咨询馆员（subject reference librarian）、学科目录馆员（subject bibliographer）等，他们担负的职责也有所不同，有的负责管理分支图书馆，全权承担整个业务工作；有的隶属参考咨询或其他部门，负责一个或多个方面的工作。综合起来有院系联系、学科咨询、馆藏发展、用户教育、书目编撰与指导、分类与编目等。尽管不同机构、不同学科的学科馆员会有不同，但他们的本质都是以特定的学生和教职员工的信息需求为中心，提供对口服务。

追溯学科馆员的历史，业界普遍认为，是美国卡内基-梅隆大学图书馆于1981年率先推出的这一服务，称之为"跟踪服务"（track service），俄亥俄大学图书馆相继推出了"网络化馆员免费导读"（network librarian and free guide）服务。国内学科馆员制度起步较晚，自1998年清华大学图书馆建立"学科馆员"制度以来，其他一些重点高校图书馆，如西安交通大学图书馆、北京大学图书馆、南开大学图书馆、厦门大学图书馆等，也先后尝试这种做法，并取得了良好的效果。随着学科馆员制度的深化，其他类型的图书馆也纷纷效仿，使其得以普及。

2. 学科馆员的任职资格及职责

这里的任职资格主要指学科馆员的知识结构和业务水平。境外一些国家和地区的高校图书馆规定学科馆员由具有一定专业水平的资深馆员担任；国内几所已实施"学科馆员"制度的高校图书馆，对学科馆员的任职资格也有明确的规定，如南开大学图书馆，要求由有相应工作能力和专业知识背景的资深馆员担任学科馆员；而清华大学图书馆则要求学科馆员一般都具备大学程度的学科背景和硕士程度的图书情报专业背景，非常熟悉对口学科的各种文献资源，能够有针对性地为教学和科研提供帮助。可见，学科馆员首先应该具有较高的图书情报专业知识，是信息情报员，否则就谈不上情报服务；其次，应突出"学科"的特点，必须是某一学科的专业人才，对某一学科具有一定的学术研究水平，虽不要求他对这一学科进行深入研究，但是必须对这一学科的研究前沿有所认识，否则难以成为该学科专业研究人员的信息导航员；再次，必须精通和掌握计算机技术、网络技术、多媒体技术等信息技术；最后，至少掌握一门外语。

学科馆员的职责是与实施"学科馆员"制度的目的相对应的。综观已经实施"学科馆员"制度的图书馆，对学科馆员的职责都有明确的规定，虽然图书馆的学科馆员的职责应根据各馆的具体情况而确定，但作为一个学科馆员其基本职责应包括：重点熟悉某个学科的图书文献资源并编写读者使用指南；负责某个学科的网络资源收集、整理并建立这些资源的网络主页；负责与对口院系保持联系，为对口院系的师生提供图书馆利用培训，协助对口院系订购必需的图书文献资料，帮助对口院系师生进行相关课题的文献检索。清华大学图书馆和南开大学图书馆确定的学科馆员职责比较系统、全面，值得大家参考和习。

3. 实施"学科馆员"制度的建议

高校图书馆建立"学科馆员"制度是时代的要求。但是，根据目前我国高校图书馆的现实，要实施"学科馆员"制度还存在相当的困难，其中最主要的是人才问题。因为我国高校图书馆无论是人员素质还是研究水平，都普遍较低。各图书馆应因地制宜，在此提出以下几点建议。

第一，根据本馆人才的实际，选择有条件的学科优先操作。借鉴西安交通大学图书馆、南开大学图书馆的做法，选择有人才条件的学科优先实施"学科馆员"制度。高校图书馆中或多或少地在某些学科拥有相对优势的人才条件，因此，可以针对这些学科挑选一些业务素质好、工作能力强、有专业背景、比较熟悉参考咨询工作的同志担任学科馆员。由于学科馆员是一项具有挑战性的工作，随着新技术及专业学科的迅速发展，他们需要不断地学习才能适应对口学科的新发展。因此，学科馆员在工作中要承受一定的压力，这就促使其在工作中自觉地吸取新的知识，在工作中不断提高自身素质和工作能力。因此，"学科馆员"制度的建立既提高了对口服务质量，学科馆员自身又得到了锻炼，为图书馆培养了技术骨干，为将来的扩大服务面打下基础。

第二，争取对口学科院系的配合。"学科馆员"制度必须与图情教授制度结合，这是已经实施学科馆员制度的图书馆的经验总结。为了帮助图书馆了解广大教师对文献信息资源的需求和对图书馆各项服务的意见和建议，及时向教师和研究生通告图书馆的新服务和新资源，保证图书馆与各院系的联系顺畅沟通，各院系推选若干名热心图书馆事业，全面了解本院系研究工作的现状及发展方向的教师作为图情教授（或称信息教授），并规定图情教授必须担负一定的责任。这方面，清华大学图书馆做得十分出色，他们详细规定了图情教授的七项职责。图情教授要负责向图书馆提供本院系的研究动态及其信息需求，并配合学科馆员做好有关工作。学科馆员与相应的图情教授之间要建设直接的联系，定期和不定期地交流信息，确保"学科馆员"制度的实施和学科馆员工作任务的完成。

第四章　图书馆读者服务工作水平提升

第一节　图书馆读者服务的沟通技巧

在图书馆发展过程中，为读者提供优质服务是其发展的永恒主题及最终目的，图书馆通过服务读者才能将其价值更好地实现。对于图书馆来讲，在对读者提供服务过程中，需要利用良好的沟通方式来处理好与读者的关系，使图书馆与读者之间的关系更为融洽和谐，这对于实现图书馆的意义和价值具有极其重要的意义。[①]

一、读者沟通的基础知识

沟通是人与人之间的思想和信息的交换，是将信息由一个人传达给另一个人，逐渐广泛传播的过程。完美的沟通是提高工作效率和服务质量的有效途径。因此，在图书馆读者服务工作中，既要遵循沟通的基本的原则，掌握沟通的程序，又要明确沟通的要求，才能实现图书馆与读者沟通的双赢。

（一）读者沟通的原则

一是尊重原则。在与读者沟通的过程中，图书馆服务工作人员首先必须爱护读者，尊重读者，让读者在被爱和尊重的过程中愿意接受沟通；其次，要用心体会读者的感受与需要，关注读者的状况、需求与不便，才能用自己的观点、想法主导读者，引起读者的共鸣。

二是积极原则。积极原则即积极观察、积极倾听、积极反馈、积极表达。在与读者沟通过程中要积极观察读者的体态语言，判断读者的情绪，揣摩读者心理需求；积极倾听读者的交谈，不轻易插嘴或轻率下结论，并通过点头、微笑、视线接触表达对读者的接纳；积极反馈自己的见解，以期正确理解读者的意思；积极表达自己的观点，以期读者准确地接受沟通信息。

三是诚信原则。诚信原则即诚实、诚心、诚意地与读者沟通。诚实地告诉读者想要了解的客观事实；诚心诚意地回答每一位读者的咨询；承诺读者什么，就应言出即行，言而

[①] 孙珊珊. 图书馆读者服务中沟通方式的分类及强化措施[J]. 赤子（上中旬），2016（01）：152.

有信，这既是做人的一种道德规范，也是沟通的行为准则。

四是宽容原则。宽容原则即能容忍异见，宽以待人。在与读者沟通的过程中，工作人员要有高度的涵养，即使在争执的过程中自己理直气壮，也要善于控制自我情绪，使事情向圆满解决的方向发展。

（二）读者沟通的流程

第一，明确沟通的目的。只有目的明确，才知道自己究竟要做什么沟通，达到什么目标。

第二，了解沟通的对象。沟通前必须对沟通对象有一个初步了解，以便寻找共同的话题，避免意外发生。

第三，设计沟通的方式。沟通的方式有浅层沟通、深层沟通；有正式沟通、非正式沟通；有语言沟通、书面沟通、电话沟通、网络沟通等，如果方式设计得合理，沟通可以取得事半功倍的效果。

第四，实施沟通。实施沟通的过程是整个沟通环节中最重要的一环。实施沟通不可能一成不变，要根据沟通过程的不断变化而做出适当的调整。

第五，检验与反馈。沟通结束后，对所做的沟通进行实践验正，并向读者反馈信息，这是沟通良性循环的终点，也是下一次沟通的起点。

第六，总结与归档。总结此次沟通的经验和教训，并将沟通结果进行存档。

（三）读者沟通的要点

第一，准确。就是图书馆服务工作人员与读者沟通时，发出的信息必须准确，使读者能够很快地理解和接受。避免数据不足、资料解释错误、对关键因素无知、没有意识到的偏见及夸张等情况的产生。

第二，及时。就是图书馆服务工作人员与读者沟通时，一定要及时，如果错过沟通的最佳时机，往往使沟通失去主动权。

第三，礼貌。就是图书馆服务工作人员与读者沟通时，必须文明礼貌，尊重对方，从而营造一个良好的沟通环境。

二、面对面沟通的方法与技巧

图书馆服务工作人员与读者面对面进行沟通时，应掌握沟通的时机，倾听、提问的方法与技巧。

（一）面对面沟通的时机与禁忌

1. 面对面沟通的时机

（1）当读者的眼神与服务工作人员相遇时。

（2）当读者极力搜索某一资料而没有结果时。

（3）当读者看上去需要帮助时。

（4）当读者向服务工作人员询问时。

（5）当读者面露怀疑和不悦时。

（6）当读者的行为有误时。

（7）当读者的情绪不悦时，等等。

2. 面对面沟通的禁忌

（1）忌抢。忌突然打断读者的话或抢读者的话头，或急于抢着去纠正读者一些不太正确的观点。

（2）忌散。忌注意力分散，使读者再次重复咨询内容。

（3）忌泛。忌谈话空泛，重心不明，主旨不清，让读者不知所云。

（4）忌急。忌谈话太急、太快，使读者听了半天还没听清楚。

（5）忌空。忌谈话只会唱高调，没有实际行动；或对读者的提问漫不经心，使读者感到不愿意为其服务。

（6）忌横。忌谈话态度蛮横，随便解释某种现象，轻下断语，借以表现自己是内行。

（7）忌虚。忌谈话虚情假意，缺乏真诚。

（8）忌滑。忌谈话躲躲闪闪，回避矛盾；或不恰当地强调与读者咨询问题不相关的细枝末节，使读者厌倦。

（二）倾听与提问的技巧分析

沟通是双向交流，图书馆服务工作人员既要擅长讲话，又要善于倾听。倾听虽然耗费工作人员大量的时间和精力，但它可以了解读者的需求和意见，为改进服务提供借鉴和参考。

第一，良好的精神状态。倾听读者咨询或交流时，要集中精力努力去听，了解读者所需，随时提醒自己在读者陈述结束后，到底要帮读者解决什么问题。

第二，保持目光接触。倾听读者咨询或交流时，应适当注视对方的眼睛，表示"我在全神贯注听你讲话"。如果直视眼睛困难，则可用弥漫性的目光注视对方的眼睛周围，如发际、嘴、前额、颈部等，目光接触是一种非语言信息，运用得当，能发挥很好的沟通作用。

第三，展现恰当的面部表情。倾听读者咨询或交流时，不时地颔首微笑、赞许地点头等动作表情与积极的目光接触相配合，或身体稍向前低，向读者表示自己对其讲话很感兴趣。

第四，不要打断对方的谈话。倾听读者咨询或交流时，不要随便打断其谈话，即使自己有一些想法要及时沟通，也要等到对方停止发言时，再发表自己的意见。同时，在倾听当中不要去猜测读者的想法，等对方全部说完自然就会知道。不必介意读者谈话的语言和动作特点，应把注意力放在谈话内容上。此外，应鼓励读者多讲话，如可以说"对你刚才反映的那件事，我还想知道得更多一点"等。要争取弄懂读者谈话的全部意思，避免不成熟的判断和想当然的分析。

第五，适时适度地提问和复述。倾听读者咨询或交流时，提问要结合倾听的内容，从一般简单的问题开始，逐层深入，以便从中发现读者的需求，创造和谐的沟通氛围。有效的倾听者经常使用这样的语句"你的意思是……"或者"我听你说的是……"等，以求检验自己的理解是否正确。

第六，转换双方的角色。倾听读者咨询或交流时，要善于换位思考，换位体察，认真帮助读者寻找解决问题的途径。

（三）有效说服的技巧分析

第一，把握有效说服的基本原则。有效说服的原则包括明确需要、利益为先、动之以情、实事求是、因人而异等。只有明确读者的需要，才能有针对性地做好说服工作；只有有意识地联系图书馆与读者双方的利益去讲道理，才能达到双赢的说服效果；只有针对读者不同的感情反映，动之以情，晓之以理，才能让读者信任和接纳；只有先分清楚读者属于哪一类型，才能采用不同说服方法进行击破。

第二，选择最恰当的说服时机。在读者还没有准备接受说服之前，最好先不要急着去说服。一般来说，在读者的情绪处于轻松、愉悦的状态下去做说服工作，效果要比在疲劳、困倦、烦恼、不安状态下好得多。因此，图书馆服务工作人员要想说服读者，首先要了解读者的思想和情绪状态，要创造最佳的说服时机进行说服，才能收到事半功倍的效果。如果说读者的态度非常坚决，不想接受任何人的说服，即使图书馆服务工作人员理由再充分，也不要枉费精力去说服。

第三，说服过程要循序渐进。先了解读者，针对读者的想法进行提问，引导其多说话，发表自己的想法；再站在读者的角度上接受其想法，通过"如果我是你，我也会这么做的"之类的表达，取得读者的信任；然后利用"然而"进行转折，站在图书馆的立场上将准备好的说服内容详细地说出来，让读者明了，从而达到说服的目的。

第四，证据也是说服的有力武器。读者有时提出一些无理要求时，如果图书馆服务工作人员知道读者是为了加强自己的观点，不惜颠倒事实，混淆视听，那么图书馆服务工作者可以委婉地请读者拿出证据，如果他拿不出证据，那么他所坚持的一切就会站不住脚，说服工作就到此结束。如果他能够拿出证据，我们可以和读者一块来分析这个证据的可靠性，甚至还可以发动更多的读者发表自己的看法，从而大大加强说服力和透明度。

（四）针对不同性格读者的沟通技巧

普通型读者：这类读者懂得礼节礼貌，比较宽容，有人情味，即使在服务过程中有一些小的不愉快，事情过后也不会计较。对这类读者要热情、尊重，主动接触、多了解他们对图书馆的感受，多引导他们更好地利用好图书馆。

自大型读者：这类读者总认为自己最了不起，事事皆以自己为准，不尊重图书馆服务工作人员，也看不起图书馆这个职业。对这类读者应不卑不亢，可按服务要求和规章制度进行接待，即使其过分要求不能满足，也应说明情况，不能与之斤斤计较，更不能与之争吵。

急躁型读者：这类读者性直善变，性格外向，言谈举止干净利落。在接受服务的过程中，他们容不得等待，只要服务人员稍不耐心或动作缓慢，他们就会极不耐烦，甚至投诉。对这类读者，图书馆服务工作人员一定要充满热情，语言简练，动作麻利，尽可能快地接待他。即使发生投诉，也要镇定，不能急于辩解，要以柔克刚，待其平息后再做解释。

沉着型读者：这类读者平时言语不多，一般不轻易发问，能耐心倾听工作人员的讲解，所提问题也都是一些实质性的问题。对这类读者，一定要有成熟的应答经验和足够的专业知识解答其所关心的提问，服务时尽可能地征询其意见，以表示对他们的尊重。

社交型读者：这类读者见多识广，平时由于与人交往多，讲话成熟，喜欢攀谈。对这类读者应尽力将服务做到周到、细致，尽可能将图书馆服务创新的知识点灌输给他们，利用他们去宣传图书馆。

多疑型读者：这类读者问题多，随机性大，往往因为某个细节与服务人员纠缠不休。对这类读者，不要在细节上与其辩论，应用简练的语言来引导他，注意细节处理，建立可信度，打消他的疑虑，同时，从说服其同伴入手。

果断型读者：这类读者行动积极，目光有力，立场坚定，观点明确，喜欢表现自己。对这类读者在原则性问题上应坚持立场，在其他问题方面当听众，只要有机会，就引导其进入视听阶段，影响其做出决定。

固执型读者：这类读者以中、老人居多，固执己见，即使是错的仍坚持不放。对这类读者千万不要干涉其行为或言语，也不要与其发生争论，因为争论是没有结果的，反而会影响服务效果。

温和型读者：这类读者个性温和、文雅，容易相处，但对服务环境要求较高。对这类读者可按一般的服务方式接待，但要保持服务环境的清洁、美观。

健忘型读者：这类读者以老年人居多，对所咨询和提醒的问题很快就会忘记，必要时常告诉或提醒他，而且当他们行走或办完图书借还手续后要多提醒他们按时归还图书或拿好图书和随身物品。

三、书面语言沟通的方法与技巧

书面沟通是用文字符号进行沟通的一种形式。书面沟通相对于口头沟通更易于语句斟酌和档案保存。图书馆与读者进行书面沟通的形式主要有：信件、读者须知、读者指南、活动海报、图书馆规章制度、新书通报、调查问卷、读者意见和建议回复，以及利用图书馆的引导和指导标识等。

（一）信件的写作技巧

信件是比较正规和庄重的一种沟通方式，特别是图书馆馆长的亲笔信，更是对读者的一种尊重。在图书馆读者服务工作中，应对每一封读者来信所提出的问题迅速调查了解，复信告知读者处理结果，并对其关心图书馆的工作表示感谢。信函的写作技巧如下。

1. 书信的格式

信函的内容一般由抬头、启词、正文、祝词、署名、日期等组成。抬头应首行顶格书写，单独成行；启词在次行，应简短，通常使用问候语"您好"；正文应使用清晰、简洁、准确的语言撰写，避免陈词滥调、抽象的词语和不必要的废话；祝词格式较严，可附在正文末尾不另成段，若另行起头，则前空四格写动词，如"敬祝""顺祝"等，下一行顶格写表达心意的词汇如"近祺""安康"等；署名在空行后另起一行的右方；写信日期一般要具体至月日或年月日俱全，可写于署名之后或署名的正下方。

2. 正文的开头和结尾

读者来函一般是反映问题或提建议，因此，给读者回信的时候，开头可以是"您于×月×日的来信我们收悉，非常感谢您对图书馆的关心和支持"或"您于×月×日的来信我们收悉，让您在图书馆有一次不愉快的经历表示歉意"等。结尾可以是"顺祝工作顺利，身体健康，生活愉快""欢迎您常来图书馆"等。

3. 信函的礼貌

对读者的来信尽量当日接信，当日阅信。阅信后还应根据相关的规定报转馆领导或相关部门处理。回复应及时，不能拖得太久。尽力做到行文规范、礼貌，尽量采用书面语言，并适当运用修辞，如"尊敬的×××先生""尊敬的×××女士"等。

4. 信封的书写

信封的书写有一定的格式，应准确地写明收信者姓名、地址、邮编、寄信人姓名、地址、邮编这六个基本项目。国内信封一般是左上角写收信者邮编、地址，中间写收信者姓名，右下角写寄信者地址、邮编。国际信函左上角依次分行写寄信者姓名、地址、邮编、国名，地址顺序自小而大，右下角写收信者姓名、地址、邮编、国名。托带信函则较随意，一般不写寄信者地址，只写"烦交×××启""×××亲启"等字样。

（二）读者须知群的写作技巧

读者须知群包括读者须知、读者指南、告读者书、活动海报等引导读者利用图书馆的书面信息，它不仅是图书馆与读者有效沟通的桥梁，也是加强读者服务管理的一项重要举措。撰写读者须知等书面沟通信息时，应把握以下技巧。

第一，用语文明，重在引导。就读者须知而言，其主要的着眼点在于指导读者正确利用图书馆资源，并遵守相应的规则，因此，用词要文明委婉，语气要温馨感人。如："欢迎您来到漫画图书馆""让衣冠整齐成为文明阅读的良好开始""请爱护我们共同的财产""图书的整洁，需要我们共同维护""爱护环境，从垃圾入桶开始""书是我们亲密的朋友，请不要让他的皮肉受苦""如果您带了小孩，让他从这里开始做个小绅士吧""有您的配合，我们将能提供更好的服务"等。

第二，意思明确，简单规范。图书馆面对的是形形色色的读者，其理解能力和思维方式各不相同，为了避免产生误会，给一线服务工作人员带来不必要的麻烦，制定读者须知等书面沟通信息时，应做到意思明确，简洁规范，尽量不要使用模糊或弹性的字眼，以方便按章办事。如丢失图书，写明处以3~10倍的赔偿还不够，应具体说明何种情况3倍，何种情况4倍……避免服务工作人员以个人标准处理，导致读者不满，引起争端。

第三，体系完善，广而告之。图书馆要为读者提供规范的服务，应完善读者须知体系，对读者实行制度管人，而不是人管人，并且将各种制度广而告之，确保读者知情，这样读者进入图书馆后，即使违反规则也是明知故犯；反之，若规范不完善或读者不知道，"不知者无畏"，就给管理带来一定的难度。

（三）规章制度的写作技巧

规章制度是图书馆开展各项工作和科学管理的重要依据，是图书馆服务工作人员工作和行为的标准，也是读者接受图书馆服务时必须遵守的行为规范。规章制度作为一种事务文书，它既涉及图书馆的管理体制和服务理念，又涉及体例结构和文字表述等技术性问题。为此，在图书馆业务工作、岗位责任、行政管理、读者服务等规章制度的写作中，必须努力把握其写作特点，讲究内容体例规范的同时，还应融入人本管理思想。

1. 起草前要做到"三明确"

一是要明确图书馆领导意图。规章制度是图书馆领导管理思想的载体、管理意图的物化。因此，规章制度的写作不仅要有图书馆领导的安排或授权，而且还应明确馆领导的意向、目的和要求，从而准确把握规章制度的要点和重点。

二是要明确行文基调。写作前应深入了解规章制度所针对对象的现状，要解决哪些方面的问题，需要限制的范围及程度，需要把握的侧重点或表述尺度，从而形成一个清晰的写作思路。

三是要明确制度的背景。制度管理是一个连续的、系统的过程，图书馆不可能仅有一项或一个方面的规章制度。因此，起草前应弄清楚以前是否有过这方面的规定或要求，如果有的话，应分析是否需要修订，弄清是文字提法上的修改，还是内容方面的补充、增删；是基本维持原规定的精神，还是要推翻重写；原来的规章制度有什么优点，有什么不足；等等。

2. 行文中要把握"五特性"

一是内容要有针对性。内容是规章制度的核心和基础，除了必须真实准确之外，还必须有明确的指向性。只有从图书馆的实际出发，写出的规章制度才会言之能行，行之有效。

二是内容要有依据性。从某种意义上说，图书馆规章制度是法律法规和政策条文的延伸或细化，因此，图书馆的规章制度必须符合党和国家的政策、法令，不允许与之相抵触或违背。如果上级有关规定的内容已经比较具体，适用性也比较强，图书馆就没有必要再就同一内容规定和要求了。为了显示内容的严肃性，有的规章制度还应在文中写明规章制度生效的日期、解释权等。

三是内容要有协调性。为确保规章制度的可行性，写作时必须注意与同类规章制度的纵向或横向联系与协调，避免标准不一产生矛盾和混乱。

四是内容要体现文明性。规章制度的制定理应把人本思想融入其中，应使用标准贴切、新颖亲切、文明礼貌的语言表述制度的内容，彰显对图书馆员、读者的尊重，不用命令式、生硬、指责性、容易引起歧义的语言，如"不准""严禁""否则""罚款"等词汇，多用善意的、委婉的、祈请的、优雅的语气和语言。

五是内容要体现逻辑性。规章制度的文字表述必须严谨、周密、规范，既要体现严肃性，又要考虑稳定性；在结构安排上，通常采用分条式叙写的方法，这就要求对条文的先后顺序、内容主次进行精心设计，并注意条与条、段与段之间的内在逻辑关系，做到层次分明，布局合理。

3.讨论中要尊重"二对象"

一是尊重读者。在读者规章制度的制定和讨论过程中，可通过召开读者座谈会、吸收读者参与规章制度的制定等方式广泛征求读者意见，保障读者的知情权和话语权，从而使读者制度真正体现服务读者的宗旨。

二是尊重图书馆员工。图书馆规章制度应把图书馆员工当作规章制度制定过程中的主要力量，遵循上下结合、反复讨论、多种形式征求意见、职代会通过的民主程序来体现规章制度的文明，把图书馆制度建设的过程变成图书馆员工理解、熟悉、自觉遵守制度的过程。

4.定稿时要把握"二特点"

一是把握体例结构规范性特点。规章制度是一个统称，常见的种类有章程、条例、规定、办法、细则等，它们之间既有联系又有区别，写作时应把握其不同的体例特点，准确选用。一般来说，章程是图书馆某种组织的宗旨，机构和组成人员活动的规则；条例是指导某方面长期性工作和活动的比较系统的条文；规定是对某项具体工作或活动的要求和规范程序。办法是为实施某项工作而提出的具体方法和措施。细则是贯彻、执行、实施"条例"或"规定"中某一项或几项条款的详细准则。起草规章制度在选用这些体例时，一定要掂量其分量的轻重和范围的大小，不可乱用。

二是把握定稿过程完整性特点。规章制度的写作通常都要经过多次反复认真地推敲、修改、酌定或试验、实证。一些重要的规章制度成形后，先要制成讨论稿，发至各部门或相关人员，经过有关会议或有关部门的认真讨论、逐条审议修改后，方能定稿。有些规章制度即使在反复讨论审定后印发下去，也还须批注"试行"或"暂行"字样，尚需经过一段时间实践的检验，并在实施中不断地完善和修订。为此，图书馆规章制度的写作者一定要进行多次调查研究，尤其是定稿后的调查研究，既是对文稿的反复推敲过程，也是认识的深化和升华过程。

四、电话沟通的方法与技巧

电话是图书馆与读者沟通的一种通用手段，由于目前绝大部分图书馆使用的电话还不是可视电话，与读者沟通的信息只能靠语言和声调来传递，为此，要让读者从图书馆服务工作者的声音中感受到热情友好，达到沟通的目的，还需要掌握电话沟通的方法与技巧。

（一）拨打电话的三要素

一是时间。给读者拨打电话，一般应在服务时间内即早上9点钟以后，晚上9点钟以前给读者打电话比较合适。但不要在吃饭、午休的时候打电话。

二是内容。给读者拨打电话前要对电话的内容简要地思索整理，拟好谈话要点和顺序。如果要谈的内容比较多，可在纸上一一列出，避免忙中出错。

三是态度。给读者拨打电话要做到声音柔和、亲切，不要装腔拿调。同时，语言要简练、清楚、明了、不拖泥带水，以免浪费读者时间，引起读者反感。

（二）拨打与接听电话的流程

1. 拨打电话的流程

拨打电话的流程如下：给读者打电话前首先要明确电话打给谁，打电话的目的是什么，要向读者说明什么事，应该怎样向读者表达，在电话沟通中可能会出现哪些障碍，面对这些障碍可能的解决方案是什么，从而列出提纲；然后拨打电话，询问是否是某某读者，如果是，告诉读者自己是××图书馆的什么人，今天打电话来的主要目的是什么，最后就具体事情进行沟通，沟通完后，做记录。

2. 接听电话的流程

接听电话的流程如下：接听电话—主动向读者问好，并告诉读者这里是××图书馆，然后询问读者的姓名、能为读者做点什么—针对读者的咨询能现场答复就直接答复，不能现场答复就做详细记录—复述通话内容，以便得到确认—整理记录提出拟办意见—呈送相关部门解决问题。

（三）拨打与接听电话的技巧

1. 拨打电话的技巧

第一，礼貌开头。拨号以后，如只听铃响，没有人接，应耐心等待片刻，待铃响六七次后再挂断。否则，如对方不在电话机旁，匆匆赶来接听时，电话已挂断了，是很失礼的。电话接通后应先向读者问好，再自报家门。万一拨错了号码，应向接电话者表示歉意"不好意思，打错了"等，切勿不做任何解释就挂断电话。

第二，热情友好。打电话的过程中，语言应流利，吐字应清晰，声调应柔和，语速应适中，声音应清朗，让读者能感觉到服务工作人员在向他微笑。

第三，明确目的。打电话之前手中应备好铅笔、纸张等相关的文具或资料，不能让读者在电话中等候自己寻找纸和笔。

第四，表达清楚。在通话过程中，有关同音不同义的词语、姓名、日期、电话号码等数字内容一定要表达清楚，必要时要重复或做出解释。对容易混淆、难于分辨的词语要加倍注意，放慢速度，逐字清晰地发音。

第五，礼貌道别。电话结束时，礼貌地同对方结束通话。在结束通话之前，应很有礼貌地说"打扰您了""谢谢""再见"等，待对方挂断电话后再放下话筒。

2. 接听电话的技巧

第一，尽快接听。电话铃响后，最好在三声之内接听。拿起话筒立即问好，并自报家门。如"您好，这里是××图书馆"或"您好，这里是××图书馆，请问您找谁"等。

第二，礼貌接听。图书馆的服务宗旨是让读者满意，虽然我们不能要求读者如何说话，但我们可以强调自己如何服务，因此，在接听读者电话的过程中要避免无礼、傲慢、有气无力、不负责等情况的发生。如果自己不是受话者，应负起传呼者的责任。万一找的人正忙着，应拿起话筒告诉对方"请稍等一下，他马上就来"。如要找的人不在，征询对方是否需要转告，并记下对方的姓名和电话号码。如遇对方拨错电话，要耐心地告诉对方"对不起，您拨错电话号码了"，千万不要失礼或责怪对方。

第三，认真接听。在读者打电话来图书馆时，服务工作人员要认真倾听，尽量不要打断对方。为了表示自己在专心聆听，可以不时地说"好的""谢谢"等。有时如果电话来得不是时候，可委婉地告诉读者："真不好意思，我有件急事要处理，我一会给您挂电话，好吗？"

第四，记录内容。接听电话时，一方面应将读者咨询的服务内容要点记下来，便于处理；另一方面，若对所咨询内容不甚了解或自己不能答复时，应转交相关部门答复。

第五，礼貌结束。接听电话时，一般由打电话者先结束谈话，如果对方没完没了地讲个不停，图书馆服务工作人员可以采取以下表达方法："请问您还有什么吩咐吗？""请问您还有别的事情吗？""对不起，领导正在叫我，等会儿我再给您挂电话好吗？"等等。

（四）电话沟通的注意事项

第一，听到电话铃响，若正在吃东西，不要立刻接听电话，应迅速吞吐完毕后再接听电话。

第二，听到电话铃响，若正在与其他人争执，一定要等情绪稍微平稳后再接听电话。

第三，讲电话的声音不要过大，话筒离嘴巴的距离不要过近或过远。

第四，若是代听电话，一定要主动询问读者是否需要留言。

第五，接听让读者久等的电话，一定要向来电者致歉。

第六，工作期间如自己朋友来电，应尽快地结束电话。

第七，接到投诉电话，千万不能与读者争吵。

第八，接到骚扰电话，千万不要破口大骂，而是说："对不起，我听不清您说什么。再见！"然后轻轻挂断电话。

五、网络沟通的方法与技巧

网络沟通是指通过计算机网络与外部相关关系的沟通活动，它是一种无距离、无时空、无障碍的沟通方式。在图书馆读者服务工作中，可通过电子邮件、网络电话、网络传真、电子论坛、手机短信等网络形式与读者进行有效沟通，目前，图书馆用得最多的是电子邮件和手机短信。

（一）电子邮件沟通

电子邮件是现代社会交流和沟通的一种新形式，由于不受时间限制，而且写邮件比起通电话显得更从容坦然，表达更充分，可以掩饰语言交流上的弱点，所以，很多读者愿意利用电子邮件向图书馆反映问题，提出建议。在回复读者电子邮件时，应注意以下技巧。

第一，尊重读者。回复读者电子邮件时应与写信一样，开头应写敬语，如"尊敬的×××先生""尊敬的×××女士"等，结尾应顺祝读者"工作顺利""身体健康"等，体现图书馆人儒雅的风度和良好的修养。

第二，主题应明确。回复读者电子邮件主题要一目了然，最好在主题中注明"××图书馆"的字样，让读者在打开邮件前就知道这是图书馆来的邮件，便于快速地了解邮件的内容。

第三，内容应简洁。回复读者电子邮件时，可以比电话沟通多一些内容，但一定不要长篇大论。要简洁紧凑，尽量写短句，不要重复。语言不要求精彩，但语句一定要通顺，尤其注意不要有错别字。

第四，格式应规范。回复读者电子邮件时，一定要按照规范的信函格式来写，不可随意涂鸦，要多使用敬语，避免使用网络缩写文字。署名要真实，不可使用网名。

（二）手机短信沟通

手机短信目前被许多图书馆用于活动信息预告、还书提醒、节日问候、馆情介绍等，发手机短信要注意做到：

第一，选择适当的发送时机。如恰逢春节、元旦等特殊日子，图书馆可以适时向读者免费发送一条祝福的信息，让读者感受到图书馆的这种特殊沟通方式。如恰逢"4·23"世界读书日，可以向读者发送一条关于读书日的活动或倡议读书的免费信息，从而让读者知道每年的4月23日，在世界的五大洲，在不同语言的国度里，人们不约而同地做着同样的事情——读书。如恰逢新馆开馆，也可以向读者免费发送一条新馆开馆信息，从而提醒读者前来新馆借阅学习。

第二，注意发短信的频率。图书馆不要经常向读者发送短信，即使是免费的短信，频繁发送有时也会引起读者的不快。由读者付费的短信，一定要尊重读者意见，读者书面同意通过发短信的方式告知图书馆的一些活动信息、新书推介和还书提醒等服务后，才可以给读者发送，否则，随意向读者发送由读者自己付费的短信很容易引起读者的不快。

第三，注意发送短信的措辞。图书馆在向读者发送短信的过程中，虽然字数不多，但一定要精，既要告诉读者更多的信息，又要内容简洁，避免拖泥带水。如果一条短信能发完的，就不要分两条短信发送，做到既经济又实惠。

第四，注意署名。图书馆向读者发送短信，一定要在短信的最后署上图书馆的名字，这既是宣传图书馆，也是给读者加深图书馆印象的又一举措。

总之，图书馆与读者沟通的方式有很多，沟通的媒介也有很多，但不管是口头、书面、电话还是网络，也不管是态势语言、有声语言还是文字语言，最重要的就是要把握沟通的原则、方法和技巧，从而形成图书馆的沟通文化，实现图书馆与读者的零距离。

第二节　图书馆读者服务的行为艺术

一、服务站姿的要求与技巧

优美而典雅的站姿是展示不同质感动态美的起点和基础。一个人所有姿态的根本是站姿，如果站姿不标准，其他姿势就谈不上优美。图书馆读者服务工作人员的服务站姿主要用于服务台接待读者、书库导引读者、与读者交流、恭候领导和图书馆同行来馆参观等场合。

（一）服务站姿的不同要求

1. 服务台接待读者的站姿要求

面向读者，头端目正，挺胸收腹，眼睛平视，面带微笑，双肩自然下垂或右手放在左手虎口交叉相握，以保持随时可以为读者提供服务的姿态。当站立时间过长时，手脚可适当自然放松，以一条腿为重心，另一条腿可向外稍许错开，两腿膝盖、脊背尽量伸直，肩臂自然放宽，双手可轻放于服务台上。

2. 与读者正面交流的站姿要求

面带微笑，挺胸收腹，眼睛平视，身体自然前倾，手臂可以拿书刊等物，也可以自然下垂。女性工作人员站立时，双脚应呈"V"字形或"丁"字形，要表现出女性的轻盈、妩媚、娴静、典雅之韵味，给读者一种"静态"的美感。男性工作人员站立时，双脚与肩同宽，双手可自然下垂，或双手相握叠放于腹前，要表现出刚健、潇洒、英武、强壮的风采，给读者一种"劲态"的美感。

3. 恭候读者的站姿要求

两脚、肩臂可以自然放松，当恭候时间太长，需要两腿交换重心时，另一腿可抬起脚后跟，膝盖可轻轻靠在主力腿上。但不能反复不停地换重心，且头部不要晃动，否则给人一种浮躁不安、极不耐烦的感觉。

4. 接待来访者的站姿要求

见到前来图书馆参观的客人要起立，面带微笑，正对着来访者向前稍弯腰或点头示意，但弯腰和点头的幅度不能过大，弯腰时上身保持一致，即头、胸、背起下去，既不能含胸驼背,也不能翘着头。

(二)不良站姿及避免技巧

1. 常见的不良站姿

不良站姿是图书馆服务人员在服务岗位上不应当出现的站立姿势,特别是站立的时间太长时,不经意之间会流露出来。常见的不良站姿大约有以下几种。

第一,东倒西歪。工作人员站立时,如果头、肩、身体、膝盖等部位出现偏斜或弯曲,就会给读者留下萎靡不振、自由散漫的印象。

第二,耸肩勾背。工作人员站立时,如果肩膀高耸,背部弯曲,就会给读者一种身体状况不佳、睡眠不足的感觉。

第三,双腿张开。工作人员站立时,如果双腿分开的幅度过大,就会给读者一种非常不文雅的印象。

第四,倚靠趴伏。工作人员站立时,如果靠着或趴伏墙、柜、桌、椅等支撑点站立时,就会给读者一种散漫、懒散的印象。

第五,双手乱放。工作人员站立时,如果将手插在口袋里,或双肘支撑于某处,或双手托住下巴就会给读者一种随随便便、悠闲散漫的印象;如果将双手抱肩或双手交叉于胸前,就会给读者一种目中无人、不可一世的感觉。

第六,脚位不当。工作人员站立时,如果采用"人"字式(内八字式)或蹬踏式(一只脚立地,另一只脚踏在椅子、窗台等地),就会给读者一种素质低下、匪气十足的感觉。

第七,做小动作。工作人员站立时,如果下意识地做小动作,如摆弄打火机、香烟盒、玩弄领带、发辫,咬手指甲等,就会给读者一种缺乏自信的感觉。

第八,浑身乱动。工作人员站立时,如果不断地变换体位,身体扭来扭去、手臂挥来挥去、腿脚抖来抖去,就会给读者一种很不安分的感觉。

2. 保持站姿的技巧分析

站立服务是图书馆服务工作人员的基本功,站立的时间过长,就会使人产生松懈和疲劳,于不经意间流露一些不良的站姿。为了减少不良站姿的出现,在实际站立过程中,可以采用以下技巧,避免其不足。

第一,站立时间过长时,双脚可暂作"稍息"状,身体重心偏移到左脚或右脚上,另一条腿微向前屈,使脚部肌肉放松。但在脚部肌肉放松的过程中,上身仍需保持正直。

第二，站立时间过长时，在不影响"阵容"的情况下，可用眼睛留意周围的人和事，通过"找事做"来分散注意力。当然，不能到处东张西望，也不能眼睁睁地盯着某一个人或物，要灵活，要随时准备接待来访者。

第三，站立时间过长时，还可稍作体位变动，但切忌来回晃动，浑身乱动。

二、服务坐姿的要求与技巧

优美的坐姿给人以端正、稳重之感。对图书馆服务工作人员而言，无论是工作还是休息，坐姿向读者传递着自信练达、友好诚挚、积极热情等信息，同时也展示尊重读者的良好风范。图书馆服务工作人员服务坐姿主要用于服务台（出纳台）接待读者、与读者交流、解决读者纠纷等场合。

（一）服务坐姿的不同要求

1. 与读者面对面交流时的坐姿要求

与读者面对面交流时，坐的姿态完全展现在读者面前。为了对读者表示尊重，进而展现服务人员的自身素养，图书馆服务工作人员应"正襟危坐"，姿态应端正，小腿自然垂直于地面，双膝、双腿、双脚完全并拢。或双膝自然并拢，双脚在踝部交叉，交叉后的双脚可以收回到椅子下，也可以斜放，但不能向前方远远地直伸出去。女性工作人员穿裙子时，为避免"走光"，一定要用手把裙子整理好再入座，入座后双腿并拢，与地面自然垂直。或大腿和膝盖并紧后向前伸出一条腿，并将另一条腿屈后，两脚脚掌着地，双脚前后要保持在同一条直线上。

2. 服务台（出纳台）接待读者时的坐姿要求

在服务台（出纳台）内接待读者时，因有服务台的遮挡，工作人员的坐姿主要是上半身展现在读者面前，双腿和双脚基本没"外露"。因此，背部应挺直，眼睛平视，坐满椅子的三分之二或三分之一，双手平放于服务台（出纳台）的电脑键盘上或双腿上。

（二）不雅的服务坐姿及纠正技巧

1. 不雅的服务坐姿

（1）半坐半躺，歪歪扭扭地摊在椅子或沙发上。

（2）两腿分得太开。

（3）腿部上下抖动，用脚拍打地面，或脚尖朝天，或脚尖指向他人。

（4）将小腿架在大腿上，架起"二郎腿"。

（5）双腿直挺挺地伸向前方，或双腿盘坐于坐椅上，或一条腿架在椅上，另一条腿垂直于地面。

（6）入座后，双手夹在腿间，或到处乱摸、或手肘支于身前桌子上。

2. 服务坐姿及蹲姿的注意事项

（1）入座要轻稳，不能猛起猛坐，发出巨大响声。

（2）无论坐在椅子或沙发上，一般只坐满椅子的二分之一或三分之二，也不能坐在椅子边上。

（3）入座后，两膝盖不能分得太开，以免"八"字形"坐姿给读者一种不雅和粗俗的印象。

（4）女性入座前一定要把裙子理好再入座，入座后右脚与左脚并齐，给读者一种娴静、优雅的感觉。

（5）入座后，不可抖脚，腿部不停地抖动给读者一种紧张不安、焦躁、不耐烦的情绪反应。

（6）入座后，双腿不能直挺挺地伸向前方，或脚尖朝天，随意跷起二郎腿。

（7）入座与读者交谈时，上身不能使劲地往前凑或用手托着下巴。

（8）入座后应该安静，双手自然放好，不要随心所欲，到处乱摸。

（9）入座时间太久，可换为侧坐，但不能将脚架在椅子、茶几等地方，更不能歪歪斜斜地摊在椅子或沙发上。

（10）图书馆服务工作人员一般不提倡采用蹲姿为读者服务，如确因服务需要，不得不下蹲时，应弯下膝盖，双腿尽量并拢，上身尽量保持直线。切忌突然下蹲，或撅起屁股下蹲，或蹲在椅子上，同时应控制好身体的重心，避免在读者面前出现滑倒的局面。

三、服务走姿的要求与技巧

走路的美感产生于下肢的频繁运动与上体稳定之间所形成的对比和谐，以及身体的平衡对称。正确的走姿能体现出一种动态美，能体现出一个人的风度和韵味，更能显示出一个人的活力与魅力。图书馆服务走姿主要应用于在服务区域巡库、上架、引导读者、陪同读者、接待来访客人等场合。

（一）服务走姿的不同要求

1. 徒手服务时的走姿要求

工作人员在服务区徒手工作行走时，要做到头部端正，双目平视，上身自然挺直，两臂前后小幅度摆动，双腿在行走过程中直而不僵，双脚出步和落地时脚尖都正对前方。男步步伐应矫健、潇洒、豪迈，展示阳刚之美。女步步伐应轻捷、娴雅、飘逸，体现阴柔之美。穿裙子时要走成一条直线，使裙子下摆与脚的动作显出优美的韵律感。为避免影响读者阅读，无论是男步还是女步，步幅要适度，步速要均匀，脚步要轻，方向要明确，姿态要自然。

2. 携物服务时的走姿要求

工作人员在服务区携物服务时，一般是手中拿书或手推小推车，这时的走姿应方向明确，全身伸直，平稳行走，脚步放松。特别是推书车时，上身不能趴在书车上，也不能撅着屁股，要站直，双手轻轻搭在书车上。而且车速不能过快，用力不能过猛，也不能让书车自行滑走，以免撞到读者、书架或墙壁。

3. 陪同、引导时的走姿要求

陪同、引导读者时，工作人员的速度应与被陪同、被引导者相协调，不能我行我素，走得太快或太慢。与读者并排行走时，工作人员应处于读者的左侧；导引时，工作人员应处于读者左前方一米左右的位置；上楼梯时，工作人员应处于读者后面；经过拐角或转向时，应注意关照读者；进入电梯、旋转门时，应礼让读者，请读者先行，如果后面有人跟进，应将门按住，等待其进入，避免将门关在读者面前；与读者交谈或答复读者提问时，头部、上身应转向读者；中途有特殊情况必须离开读者时，应面向读者说明情况，并后退两三步转身而行。

（二）不良走姿与轻松行走技巧

1. 常见不良的服务走姿

第一，身体摇摆，脚尖向内或向外，走步不成直线，给读者一种轻薄、无知和庸俗的印象。

第二，弯腰弓背，双目无神，步履蹒跚，脚步拖沓，给读者一种压抑、疲倦、老态龙钟的感觉。

第三，双手反背于背后，或交叉于胸前，或到处乱放，给读者以傲慢、呆板、压抑的感觉。

第四，低头看路，旁若无人，或仰首无视于人，给读者一种心事重重、仰天长叹之感。

第五，一路狂奔，无视他人，强行用手"拨拉"前方挡道的读者，给读者一种不安全的感觉。

第六，并肩行走，勾肩搭背，打打闹闹，给读者一种无组织、无纪律的感觉。

2. 轻松行走的技巧

一是保持好心情。走路的姿势与心情有关。心理学认为，低垂着头，双肩晃动和驼背，会表示此人精神不振，消极自卑。因此，图书馆服务工作人员一定要培养自己对事业、对生活的信心和乐趣，遇事看开，如果能做到这样，走起路来也会精神抖擞，富有活力。

二是经常练习走姿。走姿练习可以采用头顶书本走路的方法，这对于走路喜欢低头看地，头部歪向一方，肩膀习惯前后晃动的工作人员，是一种很好的矫正。

三是熟记行走礼仪。在行走过程中有很多礼仪知识，如上下楼梯、电梯、转角等处的行走礼仪，陪同、导引的行走礼仪等一定要烂熟于胸，做到既有风度又有素养。

四、服务手势要求与技巧

手势是表达情感和愿望最有力的手段。图书馆服务工作人员在向读者介绍情况、相互交流、引路、指示方向时都需要手势配合语言，以凸显效果。同时，为了保持图书馆阅读环境的安静，简单的语言内容也可以通过手势来替代。

（一）服务手势的不同要求

第一，指引手势。即为读者指示行进的方向，如图书馆工作人员经常为读者指引洗手间、外借处、办公室等的方位。指引时，五指并拢，掌心朝上，手臂以肘关节为轴，自然从体前上扬并向所指方向伸直（手臂伸直后应比肩低），同时上身前倾，头偏向指示方向并以目光示意，直到读者清楚后，再放下手臂。

第二，介绍手势。为读者作介绍时，要面带微笑，手势动作应文雅，手心朝上，手背朝下，四指并拢，拇指张开，手掌稍抬，并指向被介绍的人或物。在正式场合，不可以用手指点或拍打被介绍的人或物。自我介绍时，应用手掌轻按自己的左胸，这种手势给读者以诚恳、恭敬之感。

第三，招呼手势。当服务人员忙于工作而又看见相熟的读者无暇分身时，可面向读者，掌心向外，手臂轻缓、自下而上地向其举手致意；当向读者挥手告别时，应单手或双手上举，左右挥动，目送对方远行。

第四，请坐手势。当工作人员接待读者并请其入座时，左手或右手屈臂由前抬起，以肘关节为轴，前臂由上向下摆动，使手臂向下成一斜线，表示请读者入座。

第五，递送手势。当工作人员向读者递送书刊、读者证等物品时，尽量使用双手，不方便双手时，要采用右手；如果距离读者有一定距离时，递送工作人员要主动接近读者，并将其直接递送至读者手中；递送笔、刀剪之类尖利物品时，要将尖头物朝向自己，或朝向他处；书刊等文字材料应将文字正面面向对方。

第六，鼓掌与握手手势。工作人员鼓掌时，用右手掌轻拍左手掌掌心，不可过度用力，更不能通过鼓掌喝倒彩；握手时，应面带微笑，注视对方，伸出右手，手掌和手指轻力握住对方的手掌。握手时，应站立，不宜戴手套，力度要适当，握手时间通常为3~5秒。

第七，交谈手势。与读者交谈时，动作不宜过大，手势不宜过多，不要用拇指指向自己（应用手掌轻按左胸），不要击掌或拍腿，更不可手舞足蹈。

（二）不良的手势与注意事项

1. 常见的不良手势

第一，用手对读者指指点点。
第二，当着读者的面搔头皮、挖鼻孔、掏耳朵、剔牙、修指甲、化妆等。
第三，不停地使用电话，不停地抬腕看表。
第四，握手时用力太大，手臂左右摆动。
第五，读者提问时，用懒洋洋的手势代替回答。
第六，用笔杆等其他物品代替手指向读者指方向。

2. 使用手势的注意事项

第一，手势有辅助说话、表达说话内容的作用，但手势不宜太多，也不宜重复，过多了显得指手画脚不稳重，会令读者生厌；反复做同样的手势显得单调、乏味，缺少艺术性。因此，交流时要留心控制自己的两手，不随便乱动，以保持高雅的风度。

第二，不同的手势传递不同的信息，因此，做手势时，要讲究动作的准确性与否、幅度的大小、力度的强弱、速度的快慢、时间的长短，否则，图书馆的服务形象就有可能因一个小小的手势而打折扣。

第三，注意地方性差异。在使用手势时，由于各地风俗习惯不同，同一手势有可能表示的意思恰恰相反。如竖起大拇指，我们国家表示称赞和夸奖，然而在澳大利亚则表示侮辱。因此，接待外宾时应格外注意，在不了解其风俗习惯的情况下，手势不要随意。

五、服务仪容仪表的要求与运用

仪容仪表通常是指一个人的容貌、表情、服饰、风度等的总和。它是一种无声的语言，在一定意义上能反映出一个人的修养、性格，是人际交往中"第一印象"。图书馆服务工作人员每天面对众多来来往往的读者，仪表端庄，穿戴整齐，既是对读者的尊重，也是自信和自尊的表现。

（一）仪容要求

仪容主要是指人的容貌长相。每个人的仪容是天生的，但保持仪容的整洁干净则是后天的。因此，图书馆读者服务工作人员为了提升其服务形象，展现自己的精神风貌，每天有必要对其仪容进行修饰。修饰时，要注意以下事项：一是仪容应当保持干净、整洁、卫生。勤洗澡、勤洗脸、勤换衣服，消除身体的异味，并注意口腔卫生，这是图书馆服务工作人员应当自觉做好的。二是仪容应当简约。仪容既要修饰，又忌讳标新立异，简练、朴素最好。三是仪容应当端庄。仪容庄重大方，斯文雅气，不仅会给读者以美感，而且易于赢得读者的信任。

同时，面容是仪容之首，图书馆女性服务工作人员适当化淡妆，显得精神饱满，让读者感觉服务工作人员有活力、有礼貌、有风度。女性工作人员化妆时，宜淡雅自然为度，以协调、高雅、精神、舒适为美，以清洁健康为旨。忌浓妆艳抹、残妆示人、岗上化妆等。

（二）目光运用

眼睛是人体传递信息最有效的器官，当我们与读者交往谈话时，目光应正视对方的两眼与嘴部的三个区域，表示对对方的尊重，但凝视的时间不能过长，否则，会让读者感到紧张和难堪，甚至产生不愉快的心理感受。

服务时，目光接触可以得到很多信息，可以表达情感，也可以作为提示、告诫及监视手段。如在图书馆借阅活动中，有时往往只是用眼光来表达对熟识的读者的一种问候，双方之间便会达到某种程度的沟通。再如，当发现一些读者不文明行为和轻微的违章行为时，如果用言语去制止，有时会使双方感到尴尬；如果投以严肃的"注视"目光，会收到恰到好处的效果。

（三）面部表情

面部表情是人体表情最为丰富的部分，它表达了人们内心的思想感情，表达人的喜怒哀乐，对人们的说话起解释、澄清、纠正或强调的作用。在读者服务工作中，图书馆服务工作人员最常用的面部表情是微笑，微笑是人类最美的表情，它折射出人们内心的友善和真诚，面对诚挚、热情的微笑，读者会有"如沐春风"的感觉。

微笑在读者服务活动中往往产生巨大的积极作用。微笑能赢得读者，微笑能缩短服务的距离，微笑能提高服务质量，微笑是乐业敬业的一种表现。如见面微笑，表示对读者真诚的欢迎；服务微笑，表达付出的快乐；接受读者赞扬时的微笑，表明内心充满喜悦；接受读者批评时的微笑，显示谦虚诚恳、大度和坦荡；工作岗位上表示微笑，说明热爱本职工作，乐于恪尽职守，等等。

微笑是阳光，人人都需要。但真正的微笑要发自内心，渗透自己的情感，展示真诚、亲切、友好。同时，微笑要适度，要笑不露齿，不能咧着嘴哈哈大笑，更不能嬉皮笑脸；微笑要适宜，不能见谁见事都笑，如读者做错了事或说错了话，不得讥笑，更不得冷笑；微笑要甜美，温和友好，自然亲切，恰到好处，给人以愉快、舒适、动人的感觉。

（四）服饰要求

人的体态少有十全十美，但若能合理着装，不仅能遮掩其身体之不足，还能体现个人的风度、气质。

为了引导图书馆服务工作人员快速地进入工作状态，体现图书馆员工的精神风貌，很多图书馆都要求统一着装。统一着装时，必须上下配套穿，保持口袋平整。衬衣应保持整洁干净，要注意领子和袖口上的洁净。如裤子、裙子搭配时，衬衣必须束扎裤内、裙内，绝不能让内衣或其他衣服显露在馆服外面。

与馆服配套的鞋袜一定要搭配协调，皮鞋应擦拭干净、光亮，不要把皮鞋当拖鞋穿；与馆服配套的工作牌和馆徽，一定要按要求进行佩戴，它是一个图书馆形象识别的标志之一，也是表明自己的身份接受读者监督的有效手段。

与馆服相配套的饰品应少而精，少到可以不要，精到不超过两个品种为宜。同时，应以符合身份，不影响工作为原则。禁止佩戴吊垂摇曳、叮当作响或者不方便工作的耳环、项链、手链、头饰等。

图书馆服务工作人员讲究服饰美是对本职工作严肃认真、充满热情的反映，也是对读者表示尊重的体现，每个工作人员都应通过讲究服饰不断提高审美情趣和对工作、对集体的责任感。

（五）仪表素养

美好的仪表必须具备良好的心理素养。良好的心理素养包括健全的人格、健康的心理和善于沟通的能力。一位优秀的图书馆工作者从挂牌上岗那一刻起，就应以开朗平和的心态与各种读者打交道，以灵活应变的方式处理不同读者需求，以积极进取的心理凸显图书馆员的时代风尚，以善解人意和准确得体的表达积极与读者沟通。

此外，在为读者提供服务的过程中，更要努力做到诚信守时。必须按照对外公开的时间准时开馆，开馆时应提前5至10分钟做好上岗前的各项准备工作，闭馆时坚持送走最后一位读者才离开，按服务承诺的时间限定服务于读者。在服务的过程中，还应实施首问责任制，遇到读者求助，服务工作人员应以责任人的态度来帮助读者解决疑难。

第三节 图书馆读者服务细节的处理

一、读者细节服务的内涵与要求

图书馆日常工作平凡而琐碎，尤其是流通阅览服务工作，每天就是繁杂、细小事务的重复。但简单不等于容易，把小事做好同样是一门学问，同样需要探寻其规律，了解其内涵，掌握其原则和要求。

（一）细节服务的内涵阐释

所谓细节服务就是通过细小的环节或情节为读者提供超值和满意的服务。细节服务是一种超常规的个性化服务，是贯穿图书馆整个服务过程的服务。

细节服务可以用两个公式生动的表述其特点："100–1＝0""0＋1＝100"。所谓"100–1＝0"，就是不管图书馆的服务在多少个方面做得让读者满意，但只要在某一个方面或某一件事情让读者不高兴，那么在读者的心里投射出来的评价就是不满意。反之，如果服务在许多方面还存在不太令人满意之处，但只要在某一个方面或某一件事情上让读者很满意了，那么读者也有可能会认同图书馆的服务，这就是"0＋1＝100"。这个权重的"1"，表明了细节决定服务的成败。因此，图书馆要提升服务质量，没有理由不关注细节服务。关注细节服务，倡导的是以人为本的服务理念，见证的是一种用心服务的精神和态度，这就要求图书馆服务工作人员一定要认真探究读者言行背后的所欲所求，认真对待读者服务工作中的每一件小事，为读者提供符合甚至超越读者期望的优质服务。图书馆服务细节无处不在，无时不有，大致分为环境细节、流程细节、规范细节、沟通细节、操作细节、导示细节及管理细节等。

（二）细节服务的基本要求

1. 正确的态度

没有讲究细节的态度，就不可能有精益求精的行动，也不可能有令人赞叹的细节出现。相对图书馆来说，细节服务是图书馆服务工作人员的敬业精神和服务态度的具体体现。如图书馆服务台的咨询工作人员经常接受读者洗手间在什么地方的咨询，第一次服务人员一般都能微笑着并温和地告诉读者洗手间在什么地方，第二次、第三次也都能坚持微笑和温和，但这种微笑和温和如果能做到几年不变，甚至几十年不变，这就是一种敬业的服务态度。微笑和温和虽然是一个很小的服务行为细节，但能带给读者更多鼓励、更多美好、更多想象。

2. 臻于至善

图书馆职业道德规范要求图书馆服务工作者"热爱图书馆事业，热爱读者"。图书馆服务工作者在实行工作中认真践行"读者第一，服务至上"这一服务宗旨，想读者所想，急读者所急，在借阅、咨询、服务态度、服务环境、服务制度等方面用心对待读者的点滴需求，充分地、全面地体现对读者的人文关怀，让读者感受并认可图书馆的热心、贴心、耐心和细心，这就是对读者和风细雨的爱。如某些图书馆在流通阅览部设置小药箱，备有创可贴、风油精、腹可安等常备药品，以备读者阅读学习过程中的偶尔不适。有的在总服务台放置一些手纸，以备上洗手间读者急需。以上例子充分说明，图书馆服务工作者虽然只做了简单的付出，但让读者得到了爱的温暖。

3. 善于发现问题

图书馆服务工作人员应该有一双慧眼，善于发现问题，并能及时解决问题。如很多图书馆为了给读者提供更多的信息，经常利用双面胶和胶水在书库、阅览室的墙壁、书架、服务台的电脑等地张贴各种通知和温馨提示，过后留下的痕迹很不美观。有的图书馆服务工作人员发现这一问题后，改用牙膏代替胶水或双面胶后，纸张无论粘贴在何处，取下依然能保持整洁干净。有的图书馆服务工作人员发现这一问题后，在读者人流量大的进出口利用宣传牌设置一个读者信息栏。这个例子说明，图书馆的整体美感和重视细节有着密切关联，达到完美不一定要大量投入，有时只要能发现，并巧妙地加以改进，就能达到理想的服务效果。

4. 全程关注服务细节

服务没有句号，细节无处不在，它体现在服务的整个过程之中，正如没有"点"就没有"线"一样，细节服务永远没有终止。目前，读者的要求越来越个性化，这就要求图书馆服务工作人员必须全程关注细节服务，不断分析和反馈细节流程，为下次细节服务积累经验。同时，发现细节只是细节服务的最低层次，如何对待细节和处理细节才是一种执行学问。只是发现细节，不做到细处，等于是忽略了更多的细节。只有不断地发现细节，并处理细节、执行细节，才能体现细节服务的精髓。

5. 全员参与

细节服务不应该仅仅是一线工作人员的事情，而应该是图书馆全员参与。一线工作人员的重点是心中坚定的保持"读者至上"的理念，同时精益求精地做好本岗位的细节服务；中层管理人员的重点在于如何让细节服务不断地完善，并做好细节培训，以便更好地服务于读者，同时推动、营造和谐的服务文化氛围；馆领导层在一以贯之地倡导细节服务理念的同时，应重点考虑通过细节服务树立图书馆对外服务形象和创建对内服务文化等方向问题。

6. 正确的导向

正确的导向包括图书馆管理层对员工的引导、图书馆服务人员对读者的引导等两个方面。如"静"与"净"两个字是许多图书馆对服务窗口的基本细节服务要求，"静"就是要求给读者保持一种静谧、幽雅的阅读氛围；"净"就是要求给读者保持一个清洁整齐的阅读环境。如果管理层常年不懈地要求员工将"静"与"净"落到实处，并身体力行地在服务区域履行，就一定能给服务工作人员起到示范和导向作用。如果服务工作人员能自觉地在书库、阅览室不大声谈笑，不接听手机，不乱丢垃圾，不随意乱堆杂物，不穿带响声的皮鞋，不随意张贴通知、告示等，那么也能引领读者自觉遵守并保持阅览室安静、干净的阅读环境。

7. 需要标准和规范

标准和规范是对细节服务的量化，是重视细节、完善细节的最高表现。图书馆借阅岗位的管理制度是否合理，是否落实到了每个细节，是决定服务工作能否顺利开展的保证。

二、服务流程与操作细节的处理

服务流程的设计是图书馆规范管理的具体方法之一，它一般包括线形流程、责任矩阵流程、时间矩阵流程、空间矩阵流程等四种类型。如办证流程可将服务工作细分为若干步骤或环节，然后再用流动方向的线条按先后顺序连接起来，形成线形流程；借还书流程可在线形流程的基础上标明每个环节的责任人，形成责任矩阵流程；书库管理流程可在线形流程的基础上标明每个环节巡库、上架时间、空间，即为时间矩阵流程和空间矩阵流程。

在图书馆读者服务工作中，有了规范的服务流程，就能让每个服务工作人员对整个服务过程有一个明确的了解，知道先做什么、后做什么，并清楚各自的责任、服务时间和范围，从而减少不必要的时间和精力浪费，有利于提高服务效率和服务质量，有利于提高读者对图书馆满意度。

图书馆服务流程的设计与处理，一定要科学合理。检验流程是否科学合理的标准应该是：流程是否简洁、方便读者，流程是否顺畅、符合常规并方便管理，否则，即使是细微问题，也有可能引起读者强烈的不满，甚至出现扯皮、吵架等现象。此外，服务流程的设计与处理一定要经常加以分析、研究、改进和优化，对每一个环节、每一个细节都要周全考虑，才能持续地提高服务流程的效率。

同样，有了规范的服务流程，图书馆服务工作人员的规范操作也非常重要。如在读者借阅服务过程中，要实现将馆藏资源准确无误地传递到读者手中，一方面要靠服务工作人员的工作责任心，另一方面还需要熟能生巧的服务流程操作和即时纠错的丰富经验。否则，如发生错借错还、漏借漏还等现象，就会引起读者不满。

三、服务规范与管理细节的处理

衡量细节服务的尺度，来源于健全的服务规范。服务规范包括服务语言规范、服务行为规范、服务流程规范、服务技术规范等。在图书馆细节服务过程中，仅仅掌握流程和操作细节的处理艺术还不够，还应掌握规范与管理细节的处理艺术。因为服务的流程设计需要规范的操作进行实践，需要规范的管理机制进行督导，需要规范的服务行为进行优化，所以，流程细节、操作细节、规范细节、管理细节四者相互联系，密不可分。规范与管理细节的设计与处理应着重细化标准、规范行为、建立机制，使每一位员工知道自己应该做什么、不能做什么，使每一位管理者知道自己如何管、管什么，从而将读者服务工作做得最好。

在图书馆流通服务的现实工作中，规范细则不可谓不多，然多停留于纸上，缺乏应有的检查与督导机制，这就是管理细节缺失。如图书借阅操作规范，绝大多数图书馆都有，然而操作失误的现象还时有发生。这虽然是小事，但叠加起来，严重影响了图书馆的整体服务形象。因此，图书馆在因地制宜地拟定一套目标明确、有具体量化要求，便于执行和考核的服务规范的同时，还要有效地进行规范的检查和落实，使规范和管理执行有章可循，有法可依。否则，高品质的细节服务就是一句空话。大量的事实证明，在图书馆服务工作中，不规范、不严谨的服务细节会引起读者的误解和不信任，进而影响到正常的工作。

四、服务标识与导引细节的处理

在图书馆普遍实行大流通服务模式下,藏书布局图、类别、架标、图书状态等引导读者更好地利用图书馆,更快、更准地寻找到自己想要的图书;是为了方便读者,节约读者时间,满足读者需求。因此,在服务标识与导引细节的设计与处理过程中,一定要标识的准确性、清晰性以及文明利用图书馆的导向性等特点,从系统、完备、周全的角度入手,使读者"寻找"变得更简明、更温暖、更具人性关怀,从而减少读者抱怨,提高服务质量。

在标识与导引细节方面,还可在服务台显眼处放置外借书库藏书示意图,在每个书架上设立详细的架标,立放"政治""哲学""法律""经济""历史"等22个大类显示牌,增加导读人员等,从而使图书借阅导示更明确、清晰。

此外,在图书馆服务越来越强调细节的今天,流通细节、环境细节也是非常重要的。

第四节 图书馆读者投诉分析与处理

一、读者投诉原因及处理要求

读者投诉的主要目的一方面是希望自己提出的问题能够引起图书馆有关方面的重视,得到快速、圆满的解决,满足自我尊重的需求、心理补偿的需求、交流与发泄的需求;另一方面是希望图书馆相关服务工作有所改进和提高,能够为读者提供更多更优质的服务。鉴于此,图书馆服务工作人员在读者投诉处理过程中,首先要分析读者投诉的原因,其次要掌握投诉处理的基本要求。

(一)读者投诉的主要原因

读者投诉是指读者在利用图书馆过程中,对图书馆的管理和服务等产生的不满,并将其不满反馈回图书馆的行为活动。从心理学的角度来看,人们在现实生活中有各种不同的需求,并据此描绘出自己理想的状态。当理想与现实不一致时就会产生不满。如果这种不满不能得到及时的解决或缓解,就会引发投诉。一般来说,图书馆读者投诉的原因主要有以下几种类型。

1. 服务环境引起的投诉

(1)光。阅览室光线太强,使读者眼睛受到刺激;阅览室光线太暗,使读者产生视觉疲劳和模糊。

（2）空气。中央空调封闭式馆舍，室内空气与室外空气交流不畅，引发室内空气混浊。

（3）温度。室内温度过低或过高引起读者身体不适。

（4）声音。自修室缺乏管理，太吵闹；语音广播系统播音频繁，太嘈杂；手机铃声或通话声音太大影响阅读；等等。

（5）突发性因素。突然停电、网络系统故障等一些无法预知的事情发生；等等。

（6）硬件设施。大堂地面过滑，引发读者摔跤；洗手间卫生条件太差；饮水、存包设备不足；残疾读者使用的无障碍设施不完备；图书馆外围没有停车场或停车位太少，造成读者出入不便；存包柜安全管理不当，财物丢失；发生火灾、有害气体泄漏引发人员伤亡；电线外露，引发触电事故；等等。

2. 服务质量引起的投诉

一是管理系统错误。书目检索系统数据错误或不完备，有的图书只有目录而无索书号和馆藏地点；有的书目馆藏地点反映不明晰，显示数据与藏书状况不符；等等。

二是服务设备故障。自助借还机出现张冠李戴现象；自助借还机消磁不彻底引起不便；图书馆ATM机出现图书已还借账未销引发读者不快；等等。

三是业务管理因素。新书刊上架及过刊装订周期过长；报刊破损严重；开架书刊严重乱架；闭架外借等待时间过长；业务流程明显不合理或存在缺陷；文献建设不符合读者要求；收取滞纳金时，不收大额钞票；新书在承诺时间内没有及时与读者见面；答应帮读者解决问题，读者如约赶来却不能解决；读者预约图书不及时通知；咨询业务不精，答非所问；等等。

四是规章制度误解。提包、食品、饮料、自带书刊不允许进入阅览室；携带扫描仪、数码相机不允许自行复制；携带照相机、摄像机不允许随意拍摄；服务项目手续烦琐；等等。

五是服务方式单一。服务方式和内容传统、被动、单一，缺少个性化、多样化、深层次服务；等等。

3. 服务态度与意识引起的投诉

服务态度冷淡、语言生硬、缺乏耐心；借还书出现张冠李戴、错借错还、漏借漏还；遇到借还错误时，不愿意主动承认失误；碰到有困难的读者漠不关心；回答读者提问时手一指、下巴一抬；与读者有争议时，咄咄逼人，使读者难堪；言语粗俗，举止失礼，缺乏修养，伤及读者自尊；用词不准，引起读者不满；使用不当的身体语言，表现不屑的眼神；在岗位上闲谈、喧哗，影响读者阅读；表现出对读者不信任；在阅览区域频繁使用手机；推书车时不停地发出吱吱声；等等。

4. 服务时间引起的投诉

晚上和周末不开放；晚上闭馆时间太早；一个星期闭馆超过2天以上；新馆在建尚未开放，老馆已经关闭；在搬迁过程中，闭馆时间太长；工作人员出现迟到早退现象，造成接待窗口迟开放、早关门；等等。

5. 交流沟通引起的投诉

读者在借书超期要收滞纳金时；还书出现图书严重污损要收罚款时；图书丢失要加倍收费时；图书借阅权限已满不能继续借书时；读者要求语音广播频繁为其寻人、寻物时，由于图书馆工作人员缺乏耐心，没有及时与读者进行有效交流与沟通，引起读者投诉。

6. 读者自身原因

一是读者对图书馆的期望超过了图书馆现实服务水平，引起不满情绪；二是读者对图书馆规章制度、服务项目、设备设施不熟悉，未能达到满意程度；三是读者的素质和修养较差，出现问题时往往回避自身原因又容易冲动，甚至无理取闹；等等。

（二）读者投诉处理的要求

1. 熟悉投诉处理的政策

为了保证图书馆各部门在处理读者投诉过程中能步调一致，通力配合，圆满地解决读者各类投诉，很多图书馆都根据本馆的实际情况制定了《读者投诉处理流程》《读者投诉处理规范》《读者投诉应急处理机制》《读者投诉补救措施》等管理政策。为此，读者投诉受理人员一定要对图书馆制定的各项投诉处理政策烂熟于胸，明确自己的职责和权限，对于常规性的问题，及时处理；对于非常规性问题，创造性处理；如确因自己处理能力和权限有限，做到及时汇报，提高图书馆在处理投诉上的响应速度，避免读者对图书馆产生不必要的误解。

2. 始终保持彬彬有礼的风范

在读者投诉处理过程中，受理人员应始终保持图书馆员儒雅的学者风度，做到接待热情，态度友善，坦率真诚，不欺骗，不应付，勇于承担责任；做到声音和谐悦耳，语调平静，对读者充满信任、尊重、关切和安慰；做到微笑常挂脸上，仪表自信干练，眼神经常关注读者，点头运用恰当；做到善于站在对方的立场上想问题，无论读者怎样感情用事，都要重视对方，不要有有失礼貌的举动；做到经常用礼貌的语言反复强调所能做到的事情，不要轻易许诺自己做不到的事情；做到对读者的抱怨采用平常的心态，不要把个人的情绪变化带到抱怨的处理之中。

3. 把握自我情绪的控制

始终如一地保持积极的、平和的情绪，不卑不亢、大度从容、不争论的态度是受理人员处理读者投诉时必须做到的。在读者投诉处理过程中，对于正常投诉，受理人员的心情和情绪一般都能保持稳定。对于非正常投诉，如读者无理取闹、出口伤人、大声谩骂、得理不饶人时，受理人员一定要控制好自己的情绪，不得与读者争论。争论对于处理问题毫无补益，只会伤害感情，恶化关系。因此，受理人员在处理读者投诉过程中，遇到分歧首先要冷静，不得与读者发生正面冲突，假如发现自己情绪失控，应有礼貌地为自己找一个借口进行回避反省，等冷静过后再回来处理问题；请其他工作人员或主管领导代替自己前来处理问题。

4. 坚持及时解决问题

处理读者投诉的目标就是要圆满地解决问题。如果处理结果不能让读者感觉很满意，那就是投诉升级的前兆。投诉升级就是制造问题，因此，在读者投诉处理过程中，受理人员应作出积极响应，不拖延，不推诿，从读者的诉说中，去伪存真，把握事件的主要脉络，及时提出解决问题的方案。无论受理的问题是否属于本部门工作范围，都要尽可能将问题在最小范围内迅速解决，切忌让不熟悉图书馆内部情况的读者在不同职能部门之间反复周转。同时，当个别读者的特殊要求与适用于读者群体的规定产生矛盾时，受理人员在向读者讲明规定和原则的同时，也可在制度允许的范围内，做一些适当的变通，以个案形式给予特殊处理。

二、读者投诉的处理流程

对于任何一位读者来说，投诉都是一件不愉快的事情，一旦让抱怨升级为投诉，就意味着读者已经不愿意忍受或非常不满。此时，需要图书馆有关方面迅速做出回应，启用投诉处理机制和补救系统，妥善化解矛盾，使问题得到快速、简洁、圆满的解决。

（一）现场投诉处理

现场投诉是读者最直接的投诉方式，其处理流程如下。

第一，接诉。无论读者向哪一级投诉，受理人员应及时接待，运用"先处理心情，后处理事情"的处事原则，首先在态度上给读者一种亲切感。如果在争执现场提出投诉，受理人员应及时将读者带离现场，避免读者围观。

第二，聆听与记录。认真聆听读者倾诉，让其发泄，不要轻易打断或反驳，以适当的脸部表情和肢体语言表现出对问题的关注和理解。无法立即解决的问题，应做好书面记录，以示对读者的尊重和对问题的重视。

第三，道歉。无论对错，受理人员应真诚地向读者道歉，让读者心理需求得到满足。道歉并不意味着图书馆承认错误，只是对读者在图书馆有这样一次不愉快的经历表示歉意。

第四，处理。对读者提出的问题进行认真分析，并作出快速反应。能解决的问题及时解决，不能立即解决的问题应向读者说明，提出合理解决的承诺，并及时将处理结果反馈读者。

第五，回复。经过读者和图书馆共同协商后，给读者一个明确和属实的答复，告知解决问题的处理结果。在答复读者时，图书馆还应表示出对读者的谢意，感谢他们对图书馆的信任和帮助，并征询读者是否还有意见和建议。

第六，回访。对特殊问题的投诉处理，应定期进行回访，再次倾听读者意见，同时征求新的建议，这是建立相互信任、融洽图书馆与读者关系的重要环节，也是检查整改质量的最好机会。一个电话、一封信函、一次上门回访、一个贺年卡会使读者感觉到图书馆送来的真情和温暖。图书馆会因此有机会挖掘读者更多、更深层次的需求，使图书馆的服务工作做得更全面、细致。

第七，总结。对读者多次投诉的问题加以分析研究，吸取教训，提出相应的整改措施，有效减少读者对同一问题的投诉。

（二）间接投诉处理

读者通过电话、电子邮件、信函、网上留言、媒体等间接方式，向图书馆管理部门甚至上级主管部门投诉都称为间接投诉，其处理流程如下。

1. 电话投诉处理

（1）受理。受理人员无须调查了解且可立即回复的应立即回复；如不能立即回复的，认真记录投诉内容，留下投诉读者的姓名和联系方式，填写《投诉处理登记表》，进行编号，并在受理当天将该投诉送交部门主任或主管馆长。

（2）调查。针对读者投诉的内容进行认真的调查了解，必要时，可联系投诉读者，与其面对面地沟通与交流，此时可进入现场投诉处理流程。

（3）处理。针对读者投诉的问题进行解释和道歉，并认真聆听读者意见与建议。如果是市长热线或媒体热线转递过来的电话投诉，还应将处理结果书面函告市长热线或媒体热线。

（4）归档。处理完毕后，将读者投诉内容、处理人、处理结果进行记录，交部门主任审阅签字后存档。

2. 信件投诉处理

（1）受理。填写《读者投诉登记表》，进行编号，并妥善保管好来信原件。

（2）回函。立即用函件或电话通知对方，投诉信已收到，感谢他对图书馆工作的关心和支持，并将负责人的电话、联系方式告知对方，如果对方的联系方式不很清楚，也可要求对方将通信地址、电话号码清楚地告知图书馆，以确保图书馆与读者进行及时的沟通。

（3）分流。将读者来信交主管馆长或相关负责人，由其签署意见后转有关承办部门。

（4）督办。督促承办部门按规定时限报告处理结果。

（5）处理。承办部门有处理结果后及时回复读者。针对读者投诉的问题进行解释和道歉，并认真聆听读者意见与建议。如是上级领导机关转递过来的读者来信投诉，则还应将处理结果书面函告上级领导机关。由于书面信函是具有确定性、证据性，所以在寄送前，图书馆相关负责人应就其内容进行审核。同时，回函应以图书馆的名义寄出，并加盖公章。

（6）归档。处理完毕后，将读者投诉内容、处理人、处理结果进行记录，交部门主任审阅签字后存档。

3. 网上留言投诉处理

（1）受理。工作人员无需调查了解且可以及时答复的应及时答复。答复完毕后，应做好处理登记；如不能及时答复的，可将读者网上留言进行打印处理后交部门主任或主管馆长。

（2）进入信件投诉处理流程。

4. 媒体投诉处理

（1）沟通。媒体在接到读者投诉时，一般都会认真调查和核实。在媒体调查时，图书馆受理人员应主动配合媒体工作，并将事件的原委向媒体做详细的说明，争取媒体理解问题所在，由被动变为主动。

（2）回应。一旦媒体曝光不可避免，图书馆相关负责人应在第一时间内作出回应，不回避问题,坦率表示已开始从制度或措施上改进,避免不回应导致更多的负面报道。

(3)对投诉读者表示真诚的歉意,希望得到读者的理解,并通过读者将整改措施向媒体反映,树立图书馆正面形象。

(4)整改。针对媒体所列举的事例,举一反三,逐一进行整改,并每天都联系媒体,出台不同的整改措施,让读者通过媒体知晓图书馆每天都在行动,将前期的负面影响降至最低,并重新在公众面前树立图书馆形象。

(5)总结。通过积极工作之后,媒体报道风波应该趋于平静,图书馆内部应进行总结,吸取教训,并借图书馆近期亮点工作之势,将整改总结拿到相关媒体上进行刊发,再次强化图书馆的形象。

(6)归档。将媒体曝光当日的报纸及后续的报道逐一进行复印、整理,并进行登记存档。

三、读者投诉处理的方法与技巧

"读者投诉是图书馆日常工作中经常遇到的问题,处理效果是否得当,是影响图书馆发展的重要因素之一。"[1]出现读者投诉不仅意味着图书馆服务存在不足,同时也说明读者仍然相信图书馆可以并能够为其解决问题。为此,读者投诉只要注意处理方法与技巧,可以得到一次"变坏事为好事"的机会。

(一)读者投诉处理的常用方法

1. 平抑法

读者投诉时总会带着怒气抱怨或投诉,这是十分正常的现象。此时,受理人员首先应当态度谦让地接受读者的投诉,引导其讲出原因,然后针对问题进行解释和解决。利用平抑法应把握三个要点:一是认真倾听读者的投诉,弄清楚读者不满的要点所在;二是表明图书馆对此事的态度,使读者感受图书馆的诚意所在;三是能够马上解决问题的马上解决,不能马上解决问题的给一个明确的承诺,直到读者满意为止。

例如,某读者想找一本《基度山伯爵》,可找了近一个小时还是没找着,为此,该读者找到工作人员抱怨道:"在书库里找本书怎么这么难呀!""你们为什么不多增加些人手把书库整理好?"面对读者的抱怨,工作人员可以笑着回答:"让您费这么长时间找本书真是抱歉!假如我是您的话一定会有同样的心情。""由于图书馆实行开放式管理,加上周末读者特别多,书库乱架现象是比较严重。虽然书库管理人员不停地在书库上架,但上架的速度远远比不上乱架的速度。今后,我们会更加努力地加强书库的管理,同时也

---

[1] 孙丽. 图书馆读者投诉的原因及处理原则与措施[J]. 图书馆学刊, 2016, 38(03): 91-93.

希望您挑选图书时不要乱放,最好将不需要的图书放在书车上,以便书库管理人员统一上架。同时,也希望您尽量错开周末的时间来图书馆借书,这样的话,我想您是不会有这样的困扰的。"说完之后,帮该读者一起寻找《基度山伯爵》。

2. 转化法

在图书馆读者服务工作中,经常发生读者对图书馆服务,以及规章制度产生误解而导致的投诉或抱怨,为此,在处理这种抱怨或投诉时,应采用转化法让读者明白问题是因为误解所致。采用转化法时,受理人员应心平气和,即使读者投诉或抱怨明显缺乏事实根据,也不能当面驳斥,而应委婉启发和暗示。同时,还必须察言观色,当机立断巧妙转化。

例如,某读者用100元押金的读者证想外借一本价格278元的《妇科诊断学》,按照图书外借规定:100元押金的读者证只能外借价格在100元或以内的图书三册,如所借图书总价格超过100元需补交押金后方能外借。虽然工作人员再三解释需要增加押金才能外借,但该读者坚持认为该证一次可以借三本书,自己才借一本还不让,认定工作人员故意刁难。受理人员接到投诉后,可微笑着对该读者说:"对不起,刚才是我们工作人员解释不到位,给您添麻烦了,真是抱歉。其实您的理解没错,100元押金的读者证是可以外借三本图书,但是,按照图书外借规定,外借图书的总价格不能超过100元,如果超过了100元,还需要再补交押金。您现在如果还需要外借《妇科诊断学》,我带您去总服务台去交足押金,好吗?"受理人员带该读者到服务台补交押金的同时,就将此投诉成功化解。

3. 承认法

如果确实是图书馆服务或设施方面的问题不能令读者满意,就应承认错误,并争取读者谅解,而不能推卸责任,或者寻找借口,因为理在读者,任何推诿都会使矛盾激化。承认错误是第一步,接着应该在明确承诺的基础上解决问题,不能拖延时间,否则时间长了可能会引起读者更大的不满。

例如,某读者手推婴儿车正要进入儿童阅览室时,被正在值班的工作人员以"一岁以下的儿童不得进入该室"为由拒绝进入,该读者坚持要进入,工作人员坚持部门有规定不能进入,从而引发争吵。受理人员接到该投诉后,马上向该读者承认错误:"对不起,是我们的服务不到位,让您和您的孩子受委屈了,真是抱歉。那位工作人员是新来的,对图书馆规章制度还不太了解,我立马让她向您赔礼道歉,好吗?"工作人员向该读者主动道歉后,成功化解投诉。

4. 转移法

转移法是针对读者提出的投诉本身就是无事生非或无端生事，这时最好是迅速转移话题，使读者感到受理人员不想与其加剧矛盾而自动放弃投诉。

例如，某读者在标有禁烟标志的阅览室抽烟，工作人员发现后礼貌性进行劝阻，该读者不仅不听，还称自己是纳税人，图书馆是用纳税人的钱建起来的，难道在自己纳过税的图书馆抽支烟还不行，并以图书馆所定规章不合理、工作人员故意刁难为由进行投诉。受理人员接到此投诉后，虽与其再三解释图书馆禁止吸烟的缘由，但该读者不仅不理解，也不配合，还当着受理人员的面又燃起了一支烟，以示挑衅。此时，受理人员与其再纠缠下去只会加剧矛盾，引起纠纷，于是，趁机对该读者说："看来您是一位资深烟民了，那您对香烟一定很有研究吧？正巧我有位同事刚从国外出差回来，带回好几个品牌的香烟，要不我打电话，让他带您到馆外分享并交流，顺便也请您做个鉴赏或评价？"

（二）读者投诉处理的技巧

1. 营造轻松的处理氛围

当读者不满时，他们需要宣泄自己的情绪，然后让问题得到及时解决。这时，图书馆处理读者投诉的工作人员可以跟读者说："你完全有权利向图书馆提出你的宝贵意见，而且我们正是专门听取和处理这类问题的，请你坐下来慢慢谈，不要着急。"让读者在一种轻松的谈话氛围中冷静地叙述自己的不满。现场处理地点以办公室或贵宾室为宜，处理的人不要过多，以 2～3 人比较适合。

例如，按照图书馆的规定，图书外借超期是要收取一定的滞纳金的。工作人员在收取滞纳金的过程中，绝大部分读者都能持一种理解的态度，配合图书馆主动交纳相应的滞纳金，然而总有少数读者认为图书馆没有履行催还手续，责任不在自己，而在服务台大吵大闹，坚持不交滞纳金。针对这一种情况，工作人员应马上对该读者说："在这儿站着讲话不方便，请到办公室坐下谈，好吗？"将该读者带到办公室就座后，礼节性地读者倒上一杯水，让读者在喝水的过程中缓和一下情绪，然后对读者说："我去喊我们主任过来，请您稍候。"然后轻轻关上门让读者休息3～5分钟，在确认读者情绪已经稳定后，部门主任进入办公室对读者说："对不起，让您久等了，我是借阅部的主任×××，您有什么意见可以跟我讲。"读者叙述完后，部门主任可以微笑着对读者说："感谢您刚才对图书馆提出的宝贵建议，其实图书馆一直想尝试建立了一套滞纳金减免申请、审批制度，您如果对图书馆收取滞纳金有看法，那今天就从您开始建立滞纳金减免制度吧。"未必每一位读者都愿意申请减免滞纳金，但最起码图书馆能快速地建立解决问题的机制，这就是赢得读者的最好方式。

2. 保持认真的倾听态度

在读者倾诉的过程中，不要随意打断读者的叙述，而是要认真、仔细地倾听读者的叙述，仔细分析造成读者投诉的原因，以及读者对于投诉期望得到的结果，从中找到合理解决投诉的途径，也为快速解决问题争取了时间。同时，也要让读者了解自己独立处理的授权范围，不要抱过高的期望。

例如，一位老年读者气急败坏地投诉服务台工作人员不帮其办理退证手续，并大吵大闹地说："我两次来到图书馆要求退证，服务台的工作人员都说该证不能退，电脑显示该证早在2006年10月就已经退了。我从来没有来图书馆退过证，怎么我的证会无缘无故地被退了呢？你们图书馆就是想贪我的押金。当时办证时你们说得多好呀，想什么时候退证就什么时候退证，现在我来两次都退不了，完全是骗人。""100元押金对于我来说无所谓，但你们图书馆这种做法实在太蒙人……"在该读者发泄过程中，任何解释的语言都是多余了，只有拿事实说话。当受理人员要求相关工作人员将原始退证档案找出来给该读者确认时，该读者看后承认退证档案的身份证复印件是自己的，读者签名也是自己的笔迹，承认是自己年龄大记性不好，并为自己刚才的言行表示歉意。

3. 遵循诚信的处理原则

解决读者投诉是为了获得读者的理解和再度信任，如果读者感到图书馆在处理投诉时是没有诚意的敷衍，他们不仅下次不会再来图书馆，而且还会在外面有意或无意地进行负面宣传，使图书馆在社会效益上蒙受损失，因此，在处理过程中，一定要充分理解读者的心情，态度诚恳，只要能做到的应向读者做出承诺，并尽力做好，做不到也向读者说明原因，请读者理解并谅解。必要时，还可以向读者说一声"对不起，这是我们的过失"或"您看我们还能为您做些什么"，等等，这既是对读者的一种尊重，也是重新赢得读者信任的过程。同时，读者投诉带有强烈的感情因素，在处理过程中，尽量在感情上对读者表示理解和支持，使其成为圆满解决问题的良好开端。如"把别人借的书记到你的账上了，不仅是您，任何人都会感到不舒服的""我非常理解您现在的感受""很抱歉我们让您感到失望"，等等。

当然，在很多情况下，图书馆很难做到读者提出什么就满足什么，当个别读者的特殊要求与图书馆的规定产生矛盾，对图书馆的处理意见不满意时，受理人可以在向读者讲明规定和原则的前提下，在不违反图书馆规章制度的范围内，采用比较灵活的方式，做一些适当的变通，以缓解直接冲突；当个别读者的特殊要求超出了图书馆解决能力范围时，也不得不拒绝读者，但此时要注意方式方法，讲究拒绝的技巧，争取读者的理解，使读者感到图书馆尊重他、关注他，但又能恰当地处理问题。

例如，在受理图书归还时，工作人员经常发现读者归还的书刊出现污损现象，按照规章制度向读者提出赔偿时，一些读者经常说借的时候就是这样的。工作人员如果坚持要求赔偿，就会引发争吵甚至投诉。遇到此类问题，由于暂时无法确定该读者与受损图书的直接关系，为避免了直接冲突，工作人员可以递给读者一块橡皮，要求该读者给图书馆当半小时的义工，将该图书上所有铅笔的画痕擦掉，图书馆代表其他所有读者向他表示感谢等。同时，还可以当着该读者的面，把该读者与受损图书情况记录于读者诚信档案之内，一方面让该读者满意于"诚信"，另一方面为今后类似情况重复发生提供参考依据。

4. 构建快速的处理机制

读者投诉希望图书馆能快速地表现出对他的重视和关心，快速地得到处理和答复，拖延时间只会使读者感到自己没有受到足够的重视，而使读者投诉的意愿变得越来越强烈。因此，在处理读者投诉时，如果是误解，先承认读者是对的，让他自己在欣然中反思；如果是图书馆员工的过错，要快速地设定几种可能处理的方案供读者选择，尽可能地减少消极影响；即使无法立即解决问题，也要明确告诉读者处理的步骤和时间，让读者清楚地了解事件处理的进程。如果自己无法解决，可推荐其合适的人选，并要主动地代为联络，等推荐的处理人到达处理现场后，礼貌性地道别结束。如果拖延时间无法避免时，应及时告诉读者，向对方道歉，尽量给图书馆拖延时间一个合理的解释，双方重新商定某一个时间解决问题。处理结束后，确认自己向读者明确交代了图书馆方面的重要信息以及再次联络的联系方法、部门或个人的地址与姓名，并可以微笑着询问读者："请问您觉得这样处理可以吗？""您还有别的问题吗？""如果没有，感谢您对图书馆工作的关心和支持！""希望您今后一如既往地支持和关注图书馆！"等等。同时，可赠送图书馆小礼物以表示感谢，期望对方继续支持。

第五章　图书馆针对特殊读者的服务工作

第一节　图书馆的少儿读者服务工作

公共图书馆是为广大民众服务的图书馆，它与专业图书馆不同之处在于，服务对象涉及面很广，可以从儿童到成人，也就是所有居民，为这些居民提供非专业的图书（包括参考书籍、报纸杂志和通俗读物）。同时这些图书馆也会收集地方文献，并为广大居民提供社区活动场所。从公共图书馆的定义中不难看出，作为图书馆服务对象的广大儿童，是图书馆读者群的重要组成部分，是不可或缺的。

一、少儿读者服务工作的意义体现

首先，儿童服务对于全世界的儿童及儿童所处在的家庭来说，都是非常重要的。少儿们能在图书馆得到很好的培养，在那里，他们能获取到更多的知识。同时，优质的少儿读者服务工作能培养他们的能力，这其中就包括信息素养和终身学习的能力。而且，也能帮助孩子们顺畅地融入社会，参与社会建设，并贡献自己最大的力量。

其次，图书馆具有服务性、教育性、社会性、独立性、科学性、广阔性的社会特点，小读者们可以在这个知识宝库里求新求知，它自身又具有非常广泛的自愿性。在这座宝库里，既没有来自家庭的压力，又没有来自学校的负担，它带给少儿的培养和教育是家庭、学校和其他教育机构所不能比拟和代替的，这在一定程度上也显示了它在社会中的地位是很重要的。所以要培养少儿从小养成利用图书馆的良好习惯，这是十分必要的。在现代社会，科学技术迅速发展，与此同时，知识量也在以不可思议的速度成倍增长，如果孩子们只在学校里学习，只靠学校的知识来立足，是远远赶不上飞速发展的社会需要的。图书馆为少儿们打开了一扇窗，让他们看到了课本以外的世界，增长了知识，所以应该教会孩子们从小就要热爱图书馆，利用好图书馆。

图书馆是知识的宝库，浸润在这样的地方，一定会让人饱读学识，一个人的少儿时代是黄金时代，同时也是一个人最佳的学习时期。作为图书馆工作人员，首要任务就是应该针对少儿的特点，做好小读者阅读引导工作。要帮助他们端正学习态度，向他们推荐有助身心健康的书籍，培养他们利用图书馆资源进行自学的能力，最大限度地拓宽知识面，丰富自己的头脑,使孩子们在学校学不到的东西能在图书馆得到补充。举个例子来说,中小学生的思维能力薄弱,但好奇心强,可塑性大,追求事物多为新异,他们想了解自然界中的各种神秘现象。因此,我们要根据他们的这种趣味,向他们适时地推荐这方面的图书,最大限度地满足他们的求知欲和好奇心。这样通过培养孩子们良好的阅读兴趣来引导孩子们自主学习,最终使他们的知识得到拓展、智慧得到启迪。

最后,阅读对少儿至关重要。从一定意义上说,阅读可以决定人们的境界和修养,关系着一个国家和民族的力量和素质,在一定程度上影响着一个国家的前途和命运。[1]可以这样说,一个不读书的人,是没有前途的,同样的,一个不读书的民族,也是没有希望的。

公共图书馆的一个最大特点就是它拥有着丰富的馆藏,为少儿提供了一个很不错的平台。一个国家要前进、要发展,少年儿童是祖国的希望与未来,所以说对少儿的教育是我们工作中的重中之重。作为学生"第二课堂"的图书馆也就成了继学校之外,又一个对少儿们教育的重要阵地,应该说这是学校教育的延伸和家庭教育的有利补充,图书馆承载着孩子们接受学校教育以外教育的重要任务。鉴于此,作为图书馆人,我们更应该做好少儿读者的服务工作。我们必须通过各种的阅读活动来吸引少年儿童走进图书馆,利用好图书馆,从而达到培养少儿的阅读兴趣、习惯及能力的目的。

二、少儿读者服务人员应具备的素质

(一)耐心和爱心

众所周知,少儿有活泼、好动的特点,但在图书馆这个需要安静的场所是很不相宜的,所以就需要我们的工作人员做耐心细致的讲解工作,有时还要承担起家长的角色,帮助他们解决困难。一个和蔼可亲、关怀备至的馆员会让孩子们产生信任和敬佩感,要让他们感受到图书馆就跟家一样,有了这种感觉,管理起来就容易多了。所以做少儿读者的服务工作就要付出更多的劳动,尤其要有工作热情,对待少儿要有爱心和耐心,要能设身处地为孩子们着想。

(二)很好的修养

可以说,为少儿读者提供服务的每个图书馆人,不但是辛勤的少儿工作者,同样也是勤劳的少儿教育者。图书馆人的精神风貌、仪表风尚、文化修养、言谈举止等都会对小读者们产生很大的影响。与我们这些成年人相比,少儿的心理状态还不是很稳定,特别容易受别人的影响和暗示,所以图书馆人业务水平和自身素质的高低会直接影响到少儿的健

---

[1] 荣嘉. 公共图书馆少儿读者服务工作创新之我见[J]. 新媒体研究,2015,1(11):77+83.

康成长。孩子们是祖国的未来和希望，图书馆人必须努力提高自身素质，一定要在少儿读者面前树立起良好的形象，给孩子们树立好榜样。尤其是那些身处图书借阅、读者辅导岗位的图书馆人更应该提高自己的专业水平，研读专业知识，同时还要通晓与图书馆专业相关联的学科知识，只要有需要，就应该学。唯有如此，才能更准确地把握小读者们的心理特性和阅读倾向，也才能更准确地捕捉到科学信息，综合各种资料，把最好的服务呈现出来，使图书馆真正地成为广大少儿丰富头脑、补充精神食粮的重要场所，从而也就成为知识情报信息储存和利用的中心，同时也成为少年儿童智力开发的宝库。

（三）广博的知识

这些图书馆人不但要熟练掌握图书馆的各种业务知识，同时还要对教育学、儿童心理学等和少儿有关的基本知识和科学技术方面的常识性的东西有所了解和掌握。要用一切办法来了解少儿读者的需求，为他们提供所需服务。要具有熟练使用数据库和各种各样的工具书来对少年儿童所提出的疑难问题进行解答的能力，同时要满足小读者们检索和咨询的需求。只有具备了以上这些能力，才能够胜任这项为少年儿童小读者服务的工作。公共图书馆是为扩大少儿知识面、开发他们智力的重要阵地，图书馆的馆藏中蕴藏着中外古今人类所创造的文化精粹，它是人类知识的圣殿，其中有些知识是在课堂上根本学不到的。作为工作人员我们的职责就是引导少儿在知识殿堂里找到开启大门的钥匙，让他们能够尽情摄取营养来滋补心灵。当然对当下少儿感兴趣且流行的东西，比如人物、卡通漫画、玩具、游戏等，作为我们图书馆人也要有所了解；对学校进行的各种教学活动，如专题研究、科学展览、主题周、各年级的教学题材和课程，还有旧的教学方式改革后对学生学习和教师教学方式的影响，以及现在的教育制度，所有这些都应该有所了解，只有做到胸有成竹，我们的工作人员才能在为少儿读者服务时做到得心应手。

三、图书馆为少儿读者服务的有效策略

（一）利用丰富的馆藏开展活动

关键就是馆藏文献资源的配置，图书馆在配置馆藏文献时，要特别地考虑少儿的需求，要多配置些科普书籍。同时要针对少儿读者时常开展些有益身心健康的活动，如小发明家竞赛、电脑知识问答、科学技术通信设备知识讲座等。要通过一系列多彩丰富的活动，积极培养少儿热爱科学的爱好，让他们有更多的机会了解科学动态，并能够亲身参与到科技创造和科学发明上来。

要想成功举办这些活动，就要求我们的文献资源要丰富、要多样，内容要健康积极、图文并茂，能够吸引不同爱好、不同年龄、不同层次的少儿读者的阅读兴趣。

同时，图书馆在为少儿读者丰富馆藏方面，还要以他们喜欢的连环画、儿童文学、通俗读物、自然科学普及读物等为主要内容来丰富藏书结构。除此之外，还要兼顾少儿的特点，大力补充一些非书资料。充分发挥这些资料的优势，利用这些资料，最大限度地对孩子们进行阅读指导。这样更富有直观性、艺术性、生动性、教育性，也就更能吸引小读者。当然，在丰富馆藏方面要充分听取少儿读者本身的意见，但同时也不要忽视孩子家长的意见。孩子是未来和希望，图书馆不但要提供有益于孩子们成长学习的资源，而且也要符合家长期待的服务和资源。

（二）从简单的"借借还还"转向全面服务

首先，社会越来越开放多元，孩子们的思维逐渐趋向多元化，这促使少年儿童的阅读内容也出现了超前发展的现象。其次，随着电子时代的到来，手机、电脑、电视等电子设备已经成为孩子们获取各种信息的渠道，印刷载体已经不能满足孩子们的需求。最后，这种社会竞争的大环境对孩子们也产生了一定的影响，促使他们形成终身学习的理念，以及学校课程改革而形成的探索性教学，也大大地促使孩子们要尽早学会独立获取知识和信息。

总的来说，社会各方面的发展变化，使得单一的借阅模式已经不能满足少儿对图书馆的需求了。孩子们不但要从图书馆获得阅读的快乐，还要在获得知识和信息的过程中，学会技巧、方法和手段。因此，对少儿读者服务的定位，再也不是之前简单的借与还了，而是转向了全面服务。这就要求图书馆要进一步深化传统的流通服务，同时还要根据形势发展，开展参考咨询、信息检索、电子阅读、特色阅览等方面的活动和培训教育。

（三）利用信息技术开展网络服务

网络技术迅猛发展，图书馆也应紧跟时代。图书馆通过便捷的网络将海量的图书馆信息与之相结合，可以更加方便少儿读者，小读者只要通过网络轻轻一点，远比一本一本地翻阅资料来得方便、快捷。图书馆可以利用互联网这个好资源，适时发布有关少儿读者的最新动态，方便少儿读者及时了解图书馆最新的文献资源信息和开展的各种活动，从而达到资源共享。这不仅大大利于广大少年儿童积极参与，还利于小读者向图书馆提出意见和建议，促进图书馆的良性发展。与此同时，图书馆还可以利用网络平台，创立少儿电子阅览室，将互联网上一些优秀的电影、音乐、文学作品及各种学习软件等下载下来，作为图书馆的视听文献，让小读者在少儿电子阅览室里自由观看欣赏。我们图书馆的工作人员就可以通过网络这个平台对他们进行阅读指导。当然他们也可以通过网络与其他小读者互相交流学习方法、心得体会等。

（四）做好少儿读者的阅读指导工作

很多学生面对琳琅满目的书籍难以做到真正有用和有效的阅读。面对这种局面，图书馆人被时代赋予了更新的工作内容，就是一定要做好少年儿童的阅读指导服务工作，提高广大少年儿童的阅读能力。少年儿童的阅读指导服务工作并不是简单地向小读者推荐什么书，而是图书馆要有一种能力，那就是面对不同的读者要求，为他们提供不一样的资源的能力，这就是我们平时所说的要有提供个性化服务的能力。因此，图书馆所进行的阅读指导也具有个性化。同时，图书馆工作人员也要利用自身的优势，加强对图书的了解，并耐心且细心地引导少儿读者读有益身心健康的各类好书，进一步扩大孩子们的阅读范围，开阔他们的视野，增长知识。少儿时期是培养良好阅读习惯的最佳时间，图书馆要努力吸引越来越多的少儿走进图书馆，让"阅读"真正成为"悦读"，变被动为主动，让孩子们能涉猎各学科的知识，努力让他们成长为适应现代社会快速发展的全面型人才。

（五）开展好少儿读者活动

图书馆的少儿读者中低龄读者占了很大一部分，这些小读者年龄还小，学习能力还处在初始阶段，不管是到图书馆"充电"，还是参加图书馆组织的读者活动，都需要老师或者家长的陪同。鉴于此种情况，我们在举办活动时，应该针对这部分读者开展一些亲子活动，在活动中实现父母与孩子的互动沟通。如让他们做一些手工操作，这样又动脑又动手，让孩子在娱乐中学到新的知识。同时，也可以在低龄读者中开展启蒙式阅读引导活动，如儿童故事会、智力才艺展示、经典诵读等活动。

当然，我们图书馆的少儿读者远不只低龄读者，还包括初中乃至高中段的学生，对这部分小读者，我们也应举办一些适合他们的活动。例如，可以利用节假日举办少儿读书知识竞赛、少儿读书演讲比赛、有奖征文等少儿读书活动；还可以开一些儿童文学名著鉴赏讲座、知识类讲座、励志类报告会等。

总之，为少儿读者提供服务是图书馆服务读者面向社会的一个窗口，是图书馆发挥社会教育、开发智力的社会职能的重要体现。所以，少年儿童读者服务工作的要点，就要紧密结合孩子们的特点，以图书这些文献资料为教育载体，开展形式多样的读书活动，实现全面培养少儿的阅读目的，使孩子们真正地成长为有智慧、有修养、有担当的新时代的人才。

第二节　图书馆的老年读者服务工作

在当前社会新形势下，进一步完善老年读者服务工作，已成为公共图书馆助力提升国民素质，坚定文化自信，推动老龄事业多样多元全面协调可持续发展的必然要求。然而，老年读者群体作为在国内总人口及公共图书馆阅读人口中占比均较高的群体，其阅读现状却并不乐观。随着社会信息化水平不断提高，老年群体生活节奏被迫同步，而个体参与享受发展成果和获取包括公共图书馆在内的各类文化场馆及设施所提供服务的能力却相对不足；在时间和空间上，老年群体受各类主、客观条件所限，其阅读机会皆不同程度受到限制；与此同时，数字化阅读与新媒体行业发展进一步使标题化、碎片化阅读进入老年读者的生活，在改变其阅读方式的同时也在某种程度上加大了信息素养不足的老年人遭遇网络传销及信息诈骗的风险。公共图书馆作为社会主义公共文化服务体系的重要组成部分，理应切实做好老年读者服务工作，引导其选择合适的阅读方向，提高阅读水平，改善阅读质量，使老年读者能够更加充分地利用公共图书馆提供的各类文化及信息资源，充实晚年生活。

一、当下国内图书馆老年读者的现状及分析

第一，体能下降，时间充裕。与其他读者群体相比，老年读者群体在阅读时长和借阅频率方面具有较高的稳定性。一方面，老年读者生活有规律，拥有更多闲暇时间，易培养长期阅读的习惯；另一方面，部分老年读者自身文化水平有限，同时因年龄增大行动不便，反应迟缓，理解力衰退，视力、听力减弱，以及因帮助子女照顾孙辈等现实情况，使得老年读者群体阅读情况两极分化严重。

第二，需求多样，渠道单一。老年读者阅读诉求呈多元化态势，借阅范围涵盖烹饪、编织、摄影、书法、医疗保健等大众化热门图书，还有法律、写作等专业性强的图书，以及退休前所从事工作的相关专业图书。不少老年读者身上还充满着老骥伏枥、老当益壮的健康心态和进取精神。然而，老年读者群体对电子图书及网络文献的阅读情况却并不乐观。多数老年读者受年龄及传统观念影响，将到图书馆固定区域借阅图书作为唯一的阅读渠道，对通借通还制度安全性存疑，对官方微博、微信公众号等新媒体平台的使用亦存在一定的抵触情绪。

第三，信息不畅，交流缺乏。当今老年读者群体与20年前老年读者最大的不同，即生活于新媒体高速发展的时代，无时不网、无人不网已成为当下青年群体的常态。而不少

老年读者虽有交流需求，但主动利用网络及新媒体获取信息的意愿不强。与此同时，由于青年人群地域流动频繁，使得"空巢老人"数量不断增多，青年一代与老年人之间线下交流机会减少，老年读者的阅读成果无人分享，阅读兴趣有所降低，公共图书馆对于老年读者亦逐渐失去文化传播功效，成为其日常消磨时间的精神依赖空间。

二、图书馆老年读者服务工作的改进方向

（一）不断优化引导细则

老年读者对图书馆有归属感，公共图书馆老年读者服务工作才有成就感；老年读者有获得感，公共图书馆老年读者服务工作才有存在感。公共图书馆应针对新形势下老年读者阅读需求多样、接受新生事物较慢的特点，优化引导细则，完善规章制度，出台更多普惠性的借阅规则；倾听老年读者心声，以老年读者更容易并乐于接受的方式开展读者服务与阅读推广，引导老年读者在纷繁信息中正确选择，主动阅读有益的书刊，提升老年读者群体的信息素质与阅读水平。

（二）增强活动组织

阅读活动体系的健全，组织动员机制的高效，特别是深入社区基层活动的有效覆盖，是做好老年读者阅读推广活动的基础。图书馆应切实推进工作创新，进一步健全阅读推广内容设计体系与活动组织体系，以老年群体的阅读偏好为重点，更好地利用公共图书馆的公益属性与资源优势，创新引领老年读者主动参与阅读的路径方法，增强阅读推广活动对老年读者的影响力、感召力，有效动员老年群体参与活动，实现"服务老年读者，赢得老年读者"的目标。

（三）积极完善反馈机制

公共图书馆作为公益性信息服务机构，有责任也有义务为广大读者提供优质的阅读与信息服务，同时收集反馈意见，不断提高服务水平。在面向老年读者群体服务的过程中，意见反馈机制的完善亦是图书馆的重点工作之一。图书馆应针对老年读者群体因身体情况、信息素质等方面造成的现实困难，根据其生活娱乐、专技拓展等方面的现实需求，进一步拓宽反馈渠道，落实反馈责任，严格落实"首问负责制"，定期总结汇报老年读者反馈的意见与建议，对反馈结果回访督查，以惠及更多的老年读者。

（四）有效拓宽服务范围

适老性资源配置不足，是包括公共图书馆在内的许多公益性事业单位及便民服务组织

普遍存在的问题。为优化资源配置，达成向老年读者提供更加及时、有效服务的目标，公共图书馆应拓宽服务范围，加强多方协作，与当地旅游景区、公共场馆、医院及社区居委会等联合开展民俗文化推广、公共卫生信息实时发布、信息安全及消防安全知识普及等服务，使图书馆真正成为综合文化服务机构，更好地满足老年读者的需要。

三、图书馆老年读者服务工作的优化策略

（一）引进人才，专精服务

专业能力建设是公共图书馆提高老年读者服务效率和层次的关键因素。为此要做到以下几点。

首先，图书馆应适当引进公共关系、老年服务、档案管理及社会心理学等学科专门人才，加强相关专业领域的资源建设，提高线上线下各类信息发掘整合能力，定期开展各种学习交流活动，更新馆员专业知识，提高为老年读者服务的工作能力。

其次，努力拓展馆员知识面，适当邀请其他行业从事老年服务工作的先进代表参与图书馆读者服务工作交流，以发现自身在老年读者服务中存在的不足，真正做到与老年读者的通感共情。

最后，图书馆还应建立更加便捷明晰的借阅感受反馈体系，线上、线下广泛收集老年读者乃至全体读者对图书馆工作的意见和建议，并建立档案，对读者提出的问题及时解决和优化。

（二）健全设施，畅通渠道

馆内空间充足、设施完备是公共图书馆的最显著优势之一。但要做好老年读者服务工作，仅依赖馆内空间与资源远远不够。

一方面，图书馆应广泛联系社区、养老机构及老干部局等相关单位，共同开辟各类适合老年人的阅览空间，上架大字版图书，提供多媒体设备及智能听书机，方便老年读者阅读与使用。

另一方面，图书馆应进一步畅通借还渠道，参考国内电商平台的运作方法，利用物流在各大社区及养老机构等设置实景模拟到馆选书系统及实时还书箱，真正做到线上借阅线下提书，使身体不便的老年读者不必亲自到馆借阅，增加老年读者阅读的便利性，构建线上、线下、线上—线下三维阅读推广渠道。

（三）改进方式，热心指导

老年群体本质上并不愿与社会脱节，也渴望享受先进科技带来的便利。图书馆作为

具有社会教育职能的公益性文化机构，理应为老年读者提供帮助。一方面，图书馆可以改进办卡方式，推出亲情借阅卡，由子女辅助老年读者完成网上续借、邮寄归还等线上操作；亦可为初次办理借阅卡的老年读者提供借阅指导。另一方面，图书馆可联合当地相关部门举办主题巡回书展，为不了解图书馆借阅服务或不明确阅读方向的老年读者提供借阅指导。

（四）搭建平台，接力服务

公共图书馆作为公共文化服务的主阵地，理应亲近老年群体，了解老年群体，真诚帮助老年群体。一方面，与当地政府、文化服务场馆及新闻机构等联动合作，搭建平台，线上线下推送最新文化信息资源。另一方面，通过提供"嵌入式"读者交流互动服务，深入社区、医院及养老院，以"聊天平台"的形式建立馆员与老年读者之间的纽带，主动关心老年读者群体特别是贫困老人、残疾患病老人、失独老人及"空巢老人"的阅读与生活需求，协助联系相关单位切实为其提供常态化、接力式服务，倾听老年读者的想法诉求，努力成为老年读者信任、亲近、依赖的对象，为公共图书馆老年读者服务工作增添人文关怀。

简而言之，阅读不是谁的专利，而应是全民的生活方式。公共图书馆要在实践中坚持正确方向，优化服务策略，切实做好老年读者服务工作，帮助老年读者拥有一个更充实、更美好的晚年。

第三节 图书馆的残障读者服务工作

一、我国图书馆残障人士读者服务的现实状况

（一）完善图书馆残障人士读者服务的意义

公共图书馆，担负着为科学研究和为培养全面发展的人才方面具有得天独厚的优势。随着我国社会经济和改革开放的快速发展，全社会都发生了翻天覆地的变化，人们对知识与文化的追求越来越渴望，我国公共图书馆事业也迎来了繁荣的时期。要想遵循社会公平、服务大众的原则，让社会各界都享受到改革开放在公益文化事业方面所取得的巨大成果，提高对社会中"弱势群体"的服务意识和服务方式是非常重要的。公共图书馆作为实现社会民众与科学文化知识信息的跨时空成功对接及资源共享的重要传播枢纽，其核心使命是尽全力为人的全面发展提供多样化的服务，而实现这一使命的前提就是无条件满足读

者的需求，尽最大的努力全心全意将服务做到完美，包括对待各种特殊群体。对于残障人士读者来说，不开展一些特殊服务是无法解决他们的需求的。因此，实现公共图书馆无障碍服务这一任务迫在眉睫。完善此类服务不仅可以维护残障人士参与知识学习的合理权力，更能为公共图书馆综合服务水平的提升奠定良好的基础，也能为全社会科学文化水平的整体提高填补一个缺口。

（二）图书馆残障人士读者服务存在的弊端与困难

公共图书馆服务方式从传统意义上讲，是对所有读者与馆员之间进行面对面、近距离的即时性的借还、查找、咨询等服务。公共图书馆读者服务工作应该坚持公益性与公平性并存的原则，应该尊重残障人士，尽量满足他们对科学文化知识渴望的需求。特殊群体——残障人士因为自身的局限性和特殊性，非常需要公共图书馆提供主动的、相互的、增值的服务。由于历史发展、环境外在的因素、设施设备不足等原因，完善对残障人士读者服务的过程中也遇到了诸多的阻碍。比如，目前许多公共图书馆提供的设备基本上都是根据普通读者的需求来进行设计的，忽略了残障读者本身区别于正常人的特殊性，残障人士读者无法使用这些设备从而耽误了阅读学习活动的正常开展。由于很多图书馆建造的时间比较早，限于当时经济发展条件和对残障人士服务意识不强，所建设施并未考虑到残障人士读者的特殊之处，包括音像导向设置，无障碍通道等等，使肢体残疾者和盲人无法顺利走动和进出，更缺少为残疾人服务的专用设备、残疾人阅览室、专用电脑、盲文语音软件、盲文打印机、残疾人专用轮椅、无障碍标志和残障人士专用网页、网站等，给残障人士带来诸多的不便。人们的思想意识存在着偏差，残障人士普遍社会融入程度不高，并且以生存为第一目的，对知识的获取往往力不从心，从而产生自卑的心理，认为图书馆是可望而不可即的，久而久之就成了门外客，无法享受到公共图书馆为广大的特殊群体提供的公共文化信息服务。

二、图书馆残障人士服务无障碍的开展策略

（一）做到硬件软件等设施无障碍

努力消除硬件层面的障碍，包括图书馆的入口处、扶手、坡道、台阶、电梯、卫生间、盲道、阅览区和多功能厅等，要切实从残障人士角度出发考虑和进行设计。如在多功能厅设置轮椅的席位，并配备点字打字机、语音计算机、盲人的专用个人电脑等各类型的辅助设备、卫生间应配备紧急呼叫系统，同时在门外配置与之相连的报警器，以便及时处理突发情况等。

加强软件环境无障碍的建设，可从以下方面着手。

一是根据残障人士读者的知识结构需求和生理需求的特点来确定公共图书馆残障人士读者文献建设的内容，比如智障人士所需要的文献类型内容就要足够吸引他们；肢体残疾的人对文献内容没有太高的要求，和普通读者一样可以选择任何类型的书籍，只是对文献的摆放高度和排架方式要多做些考虑；盲人读者数量较多，要侧重于购进盲人文献、有声读物、大字图书等适合盲人阅读的书籍类型。

二是要对残障人士特别关注的学科类型进行重点文献资源建设，重点收藏身体复健、法律援助、参与社会工作等与他们感兴趣的内容有关的图书。随着传媒产业的发展，大众传媒也考虑到残障人士的需要，在全国各大公共图书馆都有定期组织残障人士观看无障碍电影的活动。"无障碍电影"是在普通电影的原声配音基础上，添加语音旁白后合成录音而特别制作的影片，语音旁白同步描述影片画面中的场景布局、人物动作、表情细节、环境氛围等丰富的信息，让视障与听障人士了解整部电影的内容，享受电影艺术的乐趣。无障碍电影以特别的形式为残障人士带来了美好的观影体验。

（二）做到对残障人士读者的信息服务无障碍

公共图书馆要强化对残障人士读者的服务意识。公共图书馆对残障人士的免费服务，让他们感受到社会赋予的权利和人文关怀，可以抚慰他们的心灵，提高他们的自身素质和知识文化水平，增加他们与文化知识接触的机会和应具备的技能，这样可以不断推动社会的发展与进步，确保了社会的稳定，是构建和谐社会的重要举措，也是公共图书馆服务人性化的具体表现。近年来，公共图书馆尽管在专门服务方面有了提高，但在实际工作中，服务观念和服务意识较为薄弱，阅读的引导读者职能有待加强，很多公共图书馆针对残障人士读者提供的专门服务并未严格按照规范工作流程和实施细则等具体要求，这就要求工作人员要细致全面了解残疾者的阅读现状，包括其自身的职业、文化程度、残疾类型、知识能力及阅读情况等，并根据残障读者的特殊情况，在阅读时间、阅读场所、借阅要求等方面给予尽可能多的人文关怀。

公共图书馆的服务人员起着保证残障人士与图书馆机构对接顺利并实现资源共享的桥梁和纽带作用，这种关键性作用对服务人员的综合素质及必备的专业技能提出了更高层次的要求。比如，服务人员不仅要对图书馆的馆藏情况、室所位置、资源使用技巧等基本内容有着准确的了解，而且要具备一定的盲文知识和手语知识，便于与残障读者进行沟通，阅读推广人员还应具备一定的心理学知识，方便及时了解残障读者的内心活动，顺利地进行工作。因此要不断更新观念，增强为残障人士读者服务的意识，工作人员一定要树立人人平等的意识，确立残障人士读者的平等地位，维护他们获取、使用信息的权利，在服务过程中对他们多一些关心和耐心。同时，公共图书馆还应制定一系列的规章制度，包括设定专人服务的对象，规范服务读者的流程，明确服务责任，定期专职培训，而公共图书馆的工作人员更应加强"读者至上,以人为本"的服务意识,使残障人士在图书馆感到的是宾至如归,而不是格格不入,产生自卑心理和落差感。要加大对残障人士无障碍服务的宣传力度。

考虑到残障人群的特殊性,建设无障碍设施以给他们提供便利是建设现代城市和建设社会主义和谐社会的必然要求,是完善基础设施建设的一项必不可少的内容,同时也是判断一个社会是否进步的重要标准。[①]残障人士由于生理和心理条件与社会条件的限制,还偶尔有不乐观不自信的消极心理,导致他们大多数与外界隔绝,封闭自己,很难走出家门融入社会当中。要将对残障人士的无障碍信息服务从单纯的公共图书馆职责扩展成为全社会的义务和责任,为残障人士融入当今的科学知识文化信息社会创造良好的条件,建立完善的信息无障碍服务体系。与此同时,通过这种手段产生的积极效应又会作用于公共图书馆,这样公共图书馆的无障碍服务也会得到相应的完善。

总之,由于受到各种各样的因素影响,导致我国目前的公共图书馆服务较发达国家有较大的差距。因此,必须针对这种现状,积极寻求解决方法和对策,借鉴他国成功的经验,再结合我国具体情况开展应对策略,要不断地改进对残障人士读者的服务质量,提升对残障人士读者的服务水平,从而推动残障人群整体素质的发展,促进社会的公平性和和谐性,建设一个平等健康文明法治的社会大家庭,为引导、规范居民积极进取的生活方式,构建社会主义和谐社会提供有力的保障。

---

① 刁帅. 公共图书馆的残障读者服务研究 [J]. 文化创新比较研究,2018,2(30):157-158.

第六章 图书馆读者服务工作创新发展

第一节 图书馆读者服务的新特点呈现

随着社会与科技水平的发展及计算机和网络快速普及，图书馆的服务呈现出新的特点，其主要如下。

一、服务虚拟化

随着现代信息网络技术的广泛应用，建立在虚拟馆藏资源和虚拟信息系统机制上的新型信息服务模式逐渐形成。这种虚拟化的服务彻底改变了以文献信息资源为主线的传统图书馆服务模式。图书馆的服务始终处于一个动态和虚拟的信息环境中。通过网络传输，图书馆既可以利用自有或自建的数字化馆藏资源，又可以利用电子邮件资源、网络新闻资源、FTP资源、WWW资源、Gopher资源等多种互联网资源，这种无形的、即时的虚拟化信息服务突破了时空限制，使得图书馆为读者提供无所不在的信息服务成为可能。

因此，服务虚拟化包括服务资源的虚拟化（即信息资源的数字化、虚拟化）和服务方式的虚拟化（即由面对面的阵地服务转变为面向虚拟读者、虚拟环境的服务）。其实质是图书馆由向具体人群提供实体文献服务，转变为向非具体化读者提供虚拟的数字服务。

二、文献多样化

就现阶段而言，读者在图书馆享受的文献信息资源服务主要呈现出印刷型文献与信息化文献（如联机数据库、电子出版物、网络化信息资源等）并举的趋势，而这种趋势的形成与数字资源的暴风式增长有着分不开的联系。同时，在这种不断发展的多样化信息载体作用下，纸质文献的主体地位被撼动，读者的文献利用习惯与观念也随之发生了潜移默化的转变，印刷型文献已经不再能够满足读者的信息载体需求。而在获取多元化信息方面，单一的纸质文献及传递方式同样无法与之匹配，因此，数字化、多样化的信息资源正在逐步成为读者信息需求的获取方向。与此同时，基于现代视频技术手段的数字视频信息资源一定程度上为人们对多样化多媒体信息资源在获取效率和获取质量方面提供便利。因此，在保证图书馆文献保存、信息交流与教育职能发挥的前提下，文献的多样化发展趋势进一步拓展了图书馆的服务空间，同时也大大提升了图书馆的信息服务保障能力。

三、信息共享化

由于网络及各种信息技术的广泛应用，图书馆信息服务的观念发生了巨大变化，人们逐渐从习惯于依靠自己所熟悉的一个图书馆获取信息服务，走向依靠图书馆联盟乃至基于共享技术整合在一起的泛在云图书馆获取信息资源。现代图书馆不再是一个个孤立存在的信息实体，而是整个社会信息网络的一个个节点。图书馆之间的信息共享服务有了越来越大的空间和自由，其交互需求与作用也越来越大。共享思想与共享技术使信息资源共享服务从来没有像现在这样成为现代图书馆服务不可或缺的有机组成部分，从而使真正意义上的信息资源共享成为图书馆服务的重要特征。

四、需求个性化

随着经济社会发展对信息需求的深度和广度日益提高，读者对信息的个性化服务需求越来越突出。而图书馆通过专业馆员队伍素质的提升、现代信息技术的广泛应用，以及信息综合保障能力的快速提高，为读者提供定制化、自助性、全天候的个性化服务，已成为现代图书馆读者服务工作发展的主要方向。在这样的服务过程中，读者的自主性得到张扬，个性得到满足。这种个性化的服务正逐渐成为图书馆界追求的服务新理念。

五、交流互动化

在网络和通信技术的共同作用下，图书馆与读者之间快捷、有效的交流网络得以健全。首先，读者的信息需求动态可以在图书馆得到更及时、更加准确的呈现；其次，读者向图书馆表达自身信息诉求的自由度会更高。在接收到读者的信息需求时，图书馆可以经过自身搜索、过滤、加工和整理功能将检索到的信息进行集合处理，再通过多途径、多类型传输到用户终端，来满足用户需求。对于读者而言，他们可以突破空间和时间局限，在获取信息方面更直接、快速，省去了中间因各种因素造成的盲目环节；与此同时，用户也可以实现和其他用户之间共享信息资源，只需要将资源上传至信息共享空间即可实现，通过这样的方式，图书馆和用户之间的互动交流更加智能和通畅。

六、服务多元化

图书馆通过计算机技术、远程通信技术和网络信息处理技术有机结合建立的网络服务平台，从根本上改变了图书馆的信息资源开发、组织和控制调度状况，使读者可以方便地按主体客观需求在网络环境下集中获取所需信息，即在网络中将各类信息获取方式融为一体，实现信息交流、查询、获取、阅读和发布的一站式集成化服务。在空间上，用户不仅可以到图书馆享受比以往任何时候都优越的读者服务，更可以不用亲自到图书馆，在家里或其他任何有网络的地方通过注册就可进入图书馆网页，查阅信息资源，变远距离为近距离，跨越空间的界限；在时间上，读者可以在任何时间通过有线或无线网络访问图书馆，也可以在同一个时间段内同时检索和借阅注册过的多家图书馆的资源，通过搜索、筛选，方便快捷获得他认为最需要、最合适的信息资源。图书馆服务呈现出多元化、立体化、全天候的特征。

第二节　区块链助力图书馆读者服务优化

目前，区块链技术已经得到了社会各个行业的广泛关注。区块链技术运用了当前信息技术中的加密技术和去中心化技术，能够保证数据的安全性和可溯源性，在信息保存和信息核查等领域可以发挥巨大作用。近年来，图书馆读者的阅读需求不断多元化，图书馆现有的服务能力和管理方式已不能满足读者需求，管理效率较低、阅读推广成效较差等问题凸显。区块链技术能够有效解决上述问题，从而全面优化读者服务。在互联网环境下，各大网络数据服务平台对图书馆的生存和发展带来了较大挑战，而区块链技术如果被应用于图书馆，将会推动读者服务在空间形态、技术手段、管理机制和服务流程等各方面发生巨大变革，促使图书馆实现跨越式发展。

一、区块链技术及其应用优势

（一）区块链技术概述

区块链技术最早起源于金融领域，是当时热度较高的比特币的基础性支撑技术。区块链技术是一种通过块链式数据结构进行数据验证和存储，通过分布式节点共识算法进行数据的生成与更新，通过密码学原理进行数据安全传输和访问，通过自动化脚本代码进行智能化编程和操作的全新分布式基础架构和范式计算。与传统互联网信息处理过程相比，其通过建立分布式存储账本使每个节点均具有较强的记账能力，从而实现自身去中心化功能，保证了数据传输和网络交易的安全性和透明度。就当前技术层面而言，区块链技术的应用已相对成熟，是未来技术处理的发展方向；对图书馆行业而言，区块链技术能够极大地推动读者服务的优化与革新。

区块链数据库是当前安全性最高的数据库类型之一，其具有公开可验证性，存储信息完整、透明、可溯源，还可以以附加模块的形式添加更多的数据，且已存储的数据将会被永久保存、不可修改，保证了原始数据的真实性。基于区块链技术的网络交易必须进行对应的交易签名，交易签名可以消除数据传输过程中的安全隐患，保护信息免受侵袭，确保原始数据不被篡改和伪造，保证了交易双方身份的真实性。区块链技术的智能合约具有高度安全性和共识性，只有实现预期的各项条件，智能合约才会自动履行，实现了数据层面的链上自动优化治理。在数据交易过程中，区块链的共识机制将会在无中心控制、无信任的情况下对交易的次序和合法性进行信息共识，保证整个区块链系统的安全性和正确性。

（二）图书馆中区块链技术的应用优势

首先，区块链技术具有去中心化的优势，这也是区块链技术的核心价值之一。区别于传统的数据处理模式，基于区块链技术的数据存储是将数据存储在网络的各个节点上。对于图书馆而言，将阅读信息数据均匀分布在各个节点上能够降低数据受到外部攻击的概率，提升整个信息系统的安全性。对于总分馆体系而言，各个分馆还可以平等地与总馆共享各种数据信息，提升信息共享性，降低资源建设成本，而且各个分馆在阅读信息资源的获取上也会更加自主高效。

其次，区块链技术具有高度的安全性。区块链是由一串区块组成的，不同区块上有不同的哈希值且一一对应，具有不围绕区块中心的去中心化特征。在图书馆领域，区块链技术的这一特性在资源存储中具有重要作用，能够有效防止数据被外部黑客攻击或篡改。

最后，区块链技术具有智能化的优势。基于区块链技术的交易能够在没有第三方的情形下进行，且交易安全性高，这一特性有助于图书馆收集读者偏好数据或对读者服务流程进行优化。

二、区块链技术应用于图书馆读者服务存在的问题

（一）人力资源配置管理方面存在的问题

目前，图书馆读者服务效能较低的原因之一在于人力资源管理方面存在较多问题。针对当前存在的问题，图书馆管理人员也从不同角度给出了解决方案，但总体而言效果不佳，因此必须有有效的基础数据调查手段介入。长期以来，图书馆馆员工资待遇、福利待遇等较低，造成其工作积极性较低，同时，馆员岗位设置不合理、工作强度不均衡等因素也导致馆员服务效率偏低，各项管理改革虽有成效，但均无法取得预期效果。图书馆管理部门经过长期调查发现，造成这种现象的根源在于相关部门数据失真，导致管理层无法获取真实数据从而制定科学合理的人力资源管理制度。

除此之外，图书馆在人才引进和招聘方面也存在数据失真等问题，导致招聘的人员在不同程度上不能契合图书馆的人才需求。区块链技术具备智能性和高安全性等优势，可以有效解决图书馆在人力资源管理方面长期存在的顽固性问题。

（二）数字资源共建共享水平偏低

虽然图书馆的数字化和智慧化建设已初见成效，但总体来看，各图书馆之间的资源共建共享水平较低。目前，各图书馆之间的管理标准、管制制度、服务模式等存在明显差异，"信息孤岛"现象仍然较为严重，如何推动整个图书馆行业的一体化发展，加速图书馆资源共建、数据共享成为图书馆界研究的热点问题之一。在图书馆转型发展过程中，实现资源建设标准、管理规范、服务模式等层面的统一是首要问题。开放共享过程中出现的数字信息自由流通、即时高效和安全可信等问题也必须解决，特别是在信息技术环境下，大数据、云技术等均被应用到图书馆读者服务中，数据风险较高。

当前，图书馆应用的云服务平台虽提升了读者享受服务的便利性，但在一定程度上也降低了数据信息的可控性，导致用户信息容易被攻击、窃取和篡改。区块链技术中的去中心化特性和共识机制能够基于分布式数据实现图书馆馆藏资源的共建共享，有利于提升图书馆数据管理的规范性、有序性，同时大幅提升信息数据的安全性，进而推动信息交互共享、促进数据流动。

（三）阅读推广形式单一

区块链技术不仅可以提升阅读推广活动的精准性，还有助于阅读推广向更深层次拓展。目前，阅读推广活动已成为图书馆常规工作项目之一，但从实施效果来看，各图书馆的推广活动模式较为僵化、形式单一、精准性较差，往往达不到预期推广效果。区块链技术能够协助图书馆收集不同群体的特征数据，为后续阅读推广活动的开展提供基础数据，同时，区块链技术还能协助馆方在阅读推广过程中智能收集读者反馈数据，防止数据被篡改。

此外，以区块链技术为支撑，图书馆还能够对数据资源进行优化整合，从而基于阅读推广需求将馆藏数据资源与读者需求相结合，提升阅读推广活动的精准性。

三、区块链支持下图书馆读者服务的优化路径

（一）收集管理数据，优化人力资源结构

区块链技术能够协助图书馆收集读者服务数据，图书馆可以在数据分析的基础上进行人力资源优化配置，建立激励制度，提升馆员工作效率。[1]在图书馆读者服务过程中，基于区块链技术的智能设备能够对工作人员的各个工作细节数据进行保存和记录。同时，区

---

[1] 闫春燕. 区块链视角下图书馆读者服务优化路径研究[J]. 河南图书馆学刊，2022，42（01）：93-95.

块链技术具有去中心化特征，任何人均不能对原始数据进行篡改，因此可以为领导层提供精准的原始数据，有利于其根据不同馆员的工作成效进行奖惩，从而提升工作人员的积极性和工作效率。

（二）促进数字资源共享，升级信息安全防护

基于区块链技术的数字化资源存储设备不仅能通过分布式存储结构对图书馆数字化资源进行细致化、标准化和模块化的分类与存储，还能对读者图书借阅、检索等行为进行数据分析和挖掘，解决当前数字信息资源使用过程中检索效率偏低、读者借阅信息分析不清晰等问题。

同时，区块链技术提供的链式数据结构为各用户提供了开放式的信息服务，允许读者和管理者参与共享数据库的建设。此外，区块链技术提供的加密算法能够最大限度地提升共享的安全水平和防护等级。

（三）重视数据分析，提升推广效能

在区块链技术的支持下，图书馆可以对现有的阅读推广进行升级。基于区块链技术，图书馆能够以最直接的方式了解当前阶段读者的阅读需求，从而对自身推广行为进行改进和优化，创新推广模式，改进服务方法，优化活动流程。在进行线上阅读推广时，当读者提出相应的阅读服务需求时，以区块链技术为支撑的线上推广系统能够在数据库中精准筛选出与读者需求相近的资源并以二维码的形式推送给读者。以区块链技术为基础构建的图书馆信息交流平台不仅可以在线上阅读推广过程中广泛收集读者意见，还能够保证读者与馆方信息交流的安全性。

随着信息技术的快速发展，区块链技术在图书馆行业中的应用将成为主流趋势。以区块链技术为支撑的图书馆技术服务体系能够促进人力资源优化配置，助力图书馆行业实现数字资源共建共享，推动图书馆在人力资源、数据库建设、阅读推广等方面的创新发展，促使图书馆读者服务工作朝着高效便捷、优质精准的方向变革。

第三节　智慧时代图书馆读者服务转型思考

当前，人类社会已经迈入智慧时代，信息技术的迅猛发展迫使传统行业不得不转换发展思路，利用新思维、新理念、新技术激发自身的创新和转型活力，迸发出新的生命力，图书馆行业也不例外。智慧时代，大数据、人工智能、云计算等技术融合与应用思维成为图书馆转型发展的重要思路之一。随着智慧技术的深度发展与普及，各行业的智慧发展思

维从无到有开始萌生，从模糊逐渐走向清晰，最终构建了较为科学合理的发展规划，重构了新的服务业态。对于图书馆行业来说，人们的阅读方式和习惯等已经与过去大不相同，当前图书馆已有的读者服务在资源配置、服务流程、线上服务、阅读推广等方面均不能满足相关需求，急需现代信息技术的融合与介入，实现资源的优化整合、服务重构和延伸推广，最终构建和开发新型图书馆读者智慧服务体系。

一、智慧时代图书馆转型发展的必然性分析

（一）深度反映读者智慧化阅读需求

读者服务从传统向智慧的转变是图书馆顺应时代发展和读者需求的必然选择。从技术层面分析，信息技术使各个行业在表现形式上实现了根本性变革，互联网促使服务业朝着数字化、多元化、精准化方向发展，现代信息技术催生的数字资源、智能助理、检索引擎、咨询机器人等在图书馆领域的优势初显，这使传统图书馆的多数服务环节都能被智慧化服务手段所替代，且能满足读者个性化、便捷化的资源服务需求，实现自身服务目标，提升服务品质。从社会和人文层面分析，图书馆的智慧化转型发展是彰显其社会教育职能的必要途径，也是图书馆从以往以"书"为主体转向以"知识"为主体的必然要求，充分彰显了图书馆读者服务的人文关怀。

（二）信息技术与新媒体环境推动

随着信息技术的快速发展和服务环境的逐步优化，高新技术逐渐与图书馆读者服务相融合，推动图书馆读者服务不断优化创新。一方面，在信息技术的介入下，图书馆读者服务逐渐转向高效化、便捷化；另一方面，当前读者需求逐渐提档升级，深入化、多样化和个性化是当前读者服务的主流趋势，而信息技术能够较好地契合读者的这一需求。公共图书馆作为文化信息的流通场所，必须与现代主流媒体的发展步伐一致，在信息技术的推动下，各种各样的媒介工具已经被读者所接受，也为图书馆读者服务创新提供了新思路、新方法，同时能够在图书馆与读者之间架设沟通的桥梁，鼓励读者积极参与图书馆建设。新媒体环境下，当前发展较成熟的读者服务有在线讲座、在线展览、微信公众平台等，读者能通过手机、iPad等设备随时随地享受图书馆服务。

（三）图书馆智慧服务的优越性明显

转型完成后的图书馆读者服务相对于以前存在巨大的优越性：

首先，从服务流程角度分析，图书馆智慧服务流程具有清晰的层次，具体分为四个层次，即基础层、处理层、分析层、应用层。图书馆通过人工智能设备对读者需求数据进

行全方位收集，从多个维度构建读者需求画像。同时，人工智能设备还从资源、读者、设备等管理环节中收集核心数据，智能感知图书馆运行状态，加强自身资源和管理数据的整合，洞察读者需求，预测读者需求发展趋势，形成科学化的新型组织管理架构。

其次，从服务驱动力角度分析，图书馆智慧服务是各个维度服务的基础，能够在智能干预、数据预测、增值服务等层面提升读者服务的智慧程度，同时也能根据读者提出的各项服务请求进行对应的知识发现、资源推荐和思维导图生成，推动读者服务朝着个性化、精细化、标准化方向发展，为各类群体提供科研服务、智慧课堂、名家讲坛、阅读推广等服务，引导读者进行多样化学习。

再次，从读者服务机制角度分析，智慧服务是以人工智能设备为依托，以智慧思维为引导，以现代信息技术为支撑，突出信息的利用和数据挖掘潜力，通过各个环节的革新和优化不断催生服务结构优化，不断整合各类服务信息，形成基于读者服务的价值链、服务链与反馈链，完成读者服务模式重构。

二、智慧时代图书馆读者服务转型的环境与技术要素

（一）智慧时代图书馆读者服务转型符合国家战略需求

2020年是我国"十三五"规划收官之年，也是"十四五"规划开局之年。早在2017年，文化和旅游部就印发了《"十三五"时期全国公共图书馆事业发展规划》，对图书馆发展改革过程中的技术应用、服务能力提升和信息资源整合等提出了具体要求，各级政府也积极响应国家政策要求，依据本地实情对本地区图书馆发展做出了更加细致的要求。至2021年，"全民阅读"已连续8次被写入《政府工作报告》，可见"全民阅读"已上升到国家战略层面，国家政策法规也为图书馆的良好发展提供了优良环境，《中华人民共和国公共图书馆法》更是从法律层面对公共图书馆今后的发展方向、主要目标、重点任务等进行了规定，也从政府责任和政策保障等方面为图书馆转型发展提供了法治支持，上述举措都为图书馆行业在"十四五"时期转型发展提供了良好的外部环境。此外，图书馆丰富的馆藏资源、专业的人才优势和设施基础等也为自身读者服务的转型发展提供了强有力的资源保障。

（二）智慧时代图书馆读者服务转型的技术要素

智慧时代，图书馆转型发展需要主流核心技术要素的介入与融合，大数据、人工智能、物联网、云计算等技术的深入融合和发展能够协助图书馆建立对应的立体化技术服务体系，打造立体化"知识服务空间"。大数据技术能够在特定时间段内通过技术性手段对信息进行收集、存储、分析、管理，同时在图书馆读者服务业务中，大数据能够将读者的

信息、馆藏资源、设备数据、业务信息等进行挖掘和分析，形成层次清晰的各类数据集合；云计算技术能够为图书馆读者服务智慧化转型提供分布式计算方法、数据分析与资源存储和防灾储备服务等支持，其在读者增值服务方面具有无可比拟的优势；物联网技术能够将互联网与图书馆馆藏资源进行对接，进而实现智能识别、定位、监管，大幅拓展传统读者服务功能，从而优化各个服务环节，提升各流程的智能化水平，实现智慧化服务平台各要素的互联互通和智慧化管理。人工智能技术能够将各类信息与自然语言进行对接，同时通过细节数据构建读者画像，实现对用户需求的分析和预测，拓展读者的阅读广度和深度。

（三）智慧时代图书馆读者服务转型的核心原理

智慧时代，图书馆读者服务发展与变革需要智慧思维介入，在转型实施过程中同样需要牢固掌握服务转型原理。具体而言，管理层要掌握数据价值原理、相关性原理、定制服务原理等，数据价值原理是在读者服务过程中通过数据收集与分析，对读者需求进行深度挖掘，从以往的功能性服务向数据服务转变。在大数据技术的支撑下，全数据样本已经能够替代抽样调查，以全部数据发现和预测读者阅读规律，信息预测也更加精细。相关性原理强调读者服务转变从以往只注重因果关系的服务思维，转向研究服务相关性和读者需求相关性。定制服务原理强调智慧服务应从根本上改变以往的服务模式，将智慧服务手段作为服务读者的主体性手段，通过技术挖掘和信息加工为读者提供精准的文献信息推送服务。

三、智慧时代图书馆读者服务转型的有效策略

（一）加强顶层规划设计

图书馆转型发展必须加强顶层设计，当今时代智慧型管理是主流趋势，现代信息技术驱动图书馆服务朝着纵深方向发展，图书馆以现代信息技术为依托进行跨界融合，使图书馆服务变得触手可及，资源检索更加简洁，资源供给更加高效，最终能让民众享受到更加便捷高效、公平优质的阅读服务。

"十四五"期间，图书馆转型发展必须做好顶层设计，通过前期智慧图书馆建设经验总结形成对应的知识服务理论框架，将文化、服务、资源、管理、生态文明等进行统筹部署，坚持正确的发展方向，立足图书馆发展实际，突出图书馆的资源优势和当下技术融合优势，注重愿景设置、目标设定、纲领确定、实施原则与建设规划，在建设格局上形成智慧发展的格局体系。当前，以5G通信技术、大数据技术、云计算技术为代表的现代信息技术不断为读者提供新的阅读体验，同时也是图书馆行业拓展自身服务实力的新方向、

新机遇。以现代信息技术为支撑,图书馆进行管理模式创新、技术应用深化、数字资源开发、服务流程革新等,构建新型智慧服务平台,全面实现读者资源需求中文献数据、管理数据、借阅数据等的管理与共享,为图书馆业务建设、读者服务及长期稳定发展提供平台支撑。

(二)搭建融合式智慧服务平台

智慧时代,图书馆读者服务要本着"用户为本、智慧支撑"的发展理念,逐步实现图书馆的智慧化、个性化管理,以现代信息技术为支撑,打破以往的技术壁垒,实现服务与资源的智慧对接,将传统读者服务模式逐渐转化为协作化、嵌入式的智慧型知识服务平台。在具体实施过程中,统一数据标准、规范管理流程是图书馆的首要工作,以此为基础进行后续资源的建设、导航与推介,改变以往僵化的工作模式,将全样本数据作为决策依据,实现图书馆改革发展由读者引领。信息技术的深度融合应用是构建智慧服务平台的核心要素,大数据、云计算、语义网等技术的融合应用能够系统化整理馆藏资源,严格规范组织相关信息资源。

信息技术的发展将服务推向新高度,极大地拓展了图书馆服务空间,用户的学习空间、交流空间、休闲空间等线上虚拟空间逐步建立,读者能够在智慧服务平台下实现学习、研讨、交流、分享与休闲,智慧化服务平台也能大幅优化读者的阅读体验。

(三)科学重构读者服务模式

"十四五"期间,图书馆转型发展的目标是创新服务模式,为读者提供更佳的阅读体验。因此,图书馆应对现有的读者服务模式进行重构。读者服务模式的重构必须以系统性和科学性为基本原则,充分结合现代管理理论的基本方法,利用现代技术优势。

首先,图书馆应依托人工智能技术对读者需求进行感知,利用大数据、物联网等技术整合图书馆优质资源,提供读者更乐于接受的服务形式,提升读者满意度;其次,图书馆应将信息服务思维转变为知识服务思维,以读者为中心开展各项服务及推广工作;再次,图书馆应拓展读者服务维度,充分发挥自身的资源与专业优势,构建立体化的综合服务平台,注重阅读增值服务;最后,图书馆应加强与其他行业的跨界合作,逐渐探索"图书馆+"模式,逐步实现图书馆空间、功能、方式的多重融合发展,为读者提供沉浸式阅读服务,最终将图书馆打造成集服务、休闲、教育、实践等于一体的文化教育中心,形成读者与图书馆的智慧共同体。

身处智慧时代,图书馆应把握好自身转型发展的最佳历史机遇,顺应国家政策导向,准确把握自身在知识服务上的天然优势与发展潜力，深度融合利用现代信息技术。在转型探索实践过程中，图书馆应转变传统服务思维，加强顶层规划设计，构建融合式智慧服务平台，科学重构读者服务模式，将自身打造成现代化智慧共同体。

第四节　图书馆读者服务精细化发展探究

"精细"在现代汉语中有精致细密之意，在文言文中有精明能干、细心仔细的意思。"精细"有四种基本解释：一是精美细腻；二是精明能干；三是精密细致；四为细心仔细。对于现代来说，"精"指的是完美、深入、高品质，"细"指的是周密详尽、微小。精细化首先是一种意识，是一种理念，是一种作风，是一种认真的态度，是一种精益求精的文化。精细化是相对的，也是动态的，精细化永无止境，追求卓越。其次，精细化是指在现有规范化的程序、环节、部位上的行为或状态等向更精准和细致的方向发展，精细化后形成的标准或规定又成为更高层次的规范，也就是说精细化和规范化是相辅相成、互为基础、循环递进式发展或形成的。

图书馆作为为社会大众提供文化信息的重要场所，传播信息文化知识的能力极为突出。但随着我国人民生活水平与思想观念的提升，对图书馆也有了更多要求。在这种社会背景下，图书馆需要对读者服务进行精细化发展，面对差异性的读者需求要给予充分满足，真正做到与时代共发展。

一、图书馆精细化读者服务的主要内容

图书馆对读者提供的精细化服务主要包括以下几个方面：接待读者工作、组织与执行阅读推广工作、整理书架工作与资讯参考服务工作。

接待读者工作，主要是帮助有借还书需求的读者进行图书的借还工作，倘若图书馆内存在自主借还图书的智能设施，那么此类工作就会转型为引导读者使用自助借还设备的工作。

组织与执行阅读推广活动，主要结合图书馆运行情况与社会的发展情况定期推出优秀图书的书单，或者开展读书会等分享交流活动。

整理书架工作，主要是对图书馆内的图书进行定期整理，保持图书始终保持在一个整齐协调的环境下，要根据书架容量及时进行扩充，将原有图书导入新书架中。

最后则是对读者进行咨询参考的读者精细化服务，包含了馆内的所有咨询服务。

二、图书馆实现精细化读者服务的途径

（一）建设全面周到的服务体系

推动以社会文化服务标准化建设为基础，不断优化图书馆的读者精细化服务体系，切实提升图书馆读者服务体验。针对图书馆读者精细化服务标准的要求，应该按照读者的差异性建设一个覆盖全面且周到的读者精细化服务体系。

首先，图书馆应该充分收集社会发展过程中的政策资料，为图书馆的服务提供信息保障与依据。并收集所在地市省份的相关信息，为当地民众的文化民俗也提供一个了解的途径。同时，还应该加强对小说、诗歌等方面的图书扩充，丰富社会大众的精神文化需求，提升人们的文学素养。因此在实际提供读者精细化服务的同时，图书馆方面应该以不同的读者群体为基础，提供不同的读者服务以满足现实需求。图书馆要针对读者提供相匹配的阅览室，为读者提供阅读的良好环境。在此基础上，图书馆还应该借助现今快速发展的信息技术来帮助自身提升读者服务质量，给读者带来更加现代化的图书馆精细化服务。

其次，还要以当地重点建设的文化项目作为着力点，提供必要的文化领域支持，并为区域内各类组织群体提供文化信息服务，建立以图书馆为基础的读者精细化服务体系，为当地发展提供必要的文化体系保障。组建与周边地市的图书馆合作新格局，联动周边地市的图书馆进行经验交流分享，以此来提升图书馆精细化读者服务的质量。

（二）差异化服务各类读者群体

图书馆应对不同群体的读者展开不同的针对性读者服务，例如要划分成人与儿童的阅览室，并提供与之相匹配的读者精细化服务。此外，还可以根据儿童的阅读特点来重点配置儿童图书与教育图书，对儿童阅读空间进行科学合理的布置。还可以利用现如今的VR虚拟现实技术，让儿童进入到书籍里的世界，充分满足其好奇心，提升儿童的阅读兴趣与积极性。此外，图书馆还可以针对退休的老年读者提供专门的阅览室与服务通道。保证老年读者安静的阅读环境，帮助解决借还书等操作问题，并增加区域内关于养生保健内容的书籍供老年朋友阅读。

此外，图书馆还可以结合实际情况，展开当地老年退休读者的文化培训工作，为当地退休的老年用户提供一个优质的文化交流平台。

（三）充分掌握读者真实服务需求

首先，要针对读者的实际需求进行充分掌握，调整一系列的读者服务来达到精细化服务的目的，针对馆内图书的数目排列进行优化。在优化过程中，还要充分地将读者用户的

需求考虑在内，制定科学合理的书籍排列方式，为读者提供优质的精细化图书馆服务。此外，还可以结合实际情况，设立相应的图书自助还书站，充分提升图书馆的服务质量，甚至可以探索全天不间断的自助图书馆，为社会大众提供更为高效便捷的借还书服务。值得注意的是，图书馆作为人员密集的公共场所，可以在图书馆内部设置一定数量的消毒柜，进行图书的消毒工作，严格保障书籍的安全性。

其次，图书馆还要秉承创客理念，在图书馆内部提供创客空间，为读者提供场地与设施，以及在创客空间内可以免费使用的设备与工具，并提供充分的文化信息服务，帮助青年创业团队不断壮大发展，促进社会的进步。最后，在图书馆内部还应该设立找书服务，倘若读者在查找图书过程中并没有找到书籍，那么就可以在图书馆内部的服务台请求帮助，由图书馆工作人员帮忙寻找，并办理借书手续，倘若馆中并没有该图书的纸质书，那么也可以建议读者阅读电子版图书或自行购买。

（四）发挥图书馆文化传播作用

一方面，图书馆要打造属于自身的文化传播品牌效应，积极开展大规模的文化信息交流活动，促进社会发展，满足群众文化传播与阅读的精神需求。同时还可以利用网络手段，将文化活动用网络直播的形式吸引更多的人进行了解。可以参照网上课程的运行方法来开展教育类视频。依托图书馆自身庞大的信息数据库，可以更加全面地向读者提供学习书籍与资源，同时还可以举办读书日，吸引当地群众参加这种线下文化活动。

另一方面，还要充分提升图书馆的教育职能，作为社会中传播文化信息与价值的公共单位，在对读者提供精细化服务的过程中也要充分注重自身的文化职能。要依托自身丰富的文化资源举办各类文化活动，包括但不限于举行教育讲座、文化展览、艺术鉴赏会及文化技能培训等，以此来充分满足社会大众的实际文化需求。但值得图书馆方面注意的是，目前我国社会正处于高速发展期，经济技术不断更新升级，图书馆在这种大环境下也要做到与时俱进，不断更新自身的服务理念与硬件设施。坚持弘扬中华传统文化，提升大众的文化素养，以此来实现图书馆的文化传播与教育价值。

（五）提升图书馆工作人员工作能力

图书馆若想充分提升针对读者的精细化服务，就必须提升图书馆工作人员的工作能力，对工作人员展开定期的工作能力培训，让员工充分掌握在未来工作过程中与读者之间产生问题的处理流程与处理方法，在遇到特殊情况时，要注意自身的情绪状态，做到理性处理问题矛盾，并有效维护读者与自身的尊严。在实际的培训过程中，还可以加入一些案例，有效提升图书馆工作人员处理问题能力，充分提升图书馆读者精细化服务质量。在遇到问题时要善于换位思考，保证图书馆的服务性。最后，图书馆内部还可以举行服务技能的评比，选出工作效率优质的员工进行鼓励，并号召全体向榜样学习。

综上所述，作为我国公共文化传播的重要场所，图书馆提供的文化服务对于社会大众的文化需求是可以充分满足的。但是图书馆提供的读者服务内容与服务模式，会因社会发展而发生变化。我们知道，对于图书馆来说，自身对于社会大众的文化推动是可以起到积极作用的，并成为不断加强文化社会建设的基础。在我国社会发展中，图书馆充分发挥了文化传播职能，对社会发展也是极具现实意义的。图书馆能够满足社会大众的文化需求，但是也要进行不断升级创新才能将自身图书馆功能与服务落到实处，让图书馆为读者提供更加精细化的服务，为建设文化社会更好地贡献力量。

参考文献

［1］蔡冰.图书馆读者服务的艺术[M].北京：国家图书馆出版社，2009.

［2］蔡莉静.图书馆读者业务工作[M].北京：海洋出版社，2013.

［3］陈庭生.图书馆读者工作理论与实践[M].南昌：江西科学技术出版社，2010.

［4］陈庭生.图书馆读者工作理论与实践[M].南昌：江西科学技术出版社，2010.

［5］单骅.图书馆读者服务中语言沟通技巧浅析[J].科技情报开发与经济，2011，21（12）：15–17.

［6］刁帅.公共图书馆的残障读者服务研究[J].文化创新比较研究，2018，2（30）：157–158.

［7］杜琳.我国儿童图书馆读者服务研究[J].现代经济信息，2016（05）：404.

［8］顾元青.读者服务语言需要注意规避的几个问题[J].沈阳师范大学学报（社会科学版），2009，33（05）：175–176.

［9］管立淑.公共图书馆如何做好少儿读者服务工作[J].科技风，2022（35）：151–153.

［10］郭力源.谈新时代图书馆读者服务工作创新[J].黑龙江档案，2022（06）：269–271.

［11］郭明蓉，冯春.图书馆老年读者服务质量提升研究[J].文化学刊，2021（09）：164–167.

［12］郝维军.基于读者服务的图书馆业务流程再造新趋势[J].中国民族博览，2018（08）：253–254.

［13］贾胜利.图书馆读者服务中细节管理探究[J].河南图书馆学刊，2008（01）：69–71.

［14］蒋金人.微信平台在图书馆读者服务中的应用研究[J].新闻传播，2022（02）：47–48.

［15］李丹，刘玉娇.关于图书馆读者服务精细化发展的途径探讨[J].采写编，2022（01）：183–184.

［16］李红.图书馆为少年儿童读者服务刍议[J].现代情报，2013，33（12）：167–169+177.

［17］李慧萍.智慧时代图书馆读者服务转型策略研究[J].河南图书馆学刊，2021，41（12）：98–100.

［18］李连申.图书馆老年读者服务的开展探究[J].大众文艺，2018（06）：183.

［19］梁懿坚.关于图书馆为残障读者阅读服务的思考[J].内蒙古科技与经济，2013（19）：149–150+152.

［20］林熹.区块链导论[M].北京：机械工业出版社，2022.

[21] 刘丽.微信公众号在公共图书馆读者服务中的有效性研究[J].河南图书馆学刊,2023,43(01):28-29+32.

[22] 千文宇.图书馆开展基于人文关怀的老年读者服务[J].内蒙古科技与经济,2022(10):138-139.

[23] 荣嘉.公共图书馆少儿读者服务工作创新之我见[J].新媒体研究,2015,1(11):77+83.

[24] 孙丽.图书馆读者投诉的原因及处理原则与措施[J].图书馆学刊,2016,38(03):91-93.

[25] 孙珊珊.图书馆读者服务中沟通方式的分类及强化措施[J].赤子(上中旬),2016(01):152.

[26] 王曼.公共图书馆老年读者服务工作优化策略[J].福建图书馆学刊,2022,5(01):44-46.

[27] 邢毅.管理沟通在图书馆读者工作中的应用[J].河南图书馆学刊,2007(05):51-53.

[28] 闫春燕.区块链视角下图书馆读者服务优化路径研究[J].河南图书馆学刊,2022,42(01):93-95.

[29] 臧鸿妹.高校图书馆读者服务新探[M].合肥:安徽大学出版社,2009.

[30] 张晨.做好信息时代图书馆读者服务工作的思考[J].文化产业,2022(24):83-85.

[31] 张枫霞.图书馆读者服务[M].北京:海洋出版社,2009.

[32] 张向云.以读者服务为导向的图书馆业务流程管理[J].山东图书馆学刊,2013(01):47-50.

[33] 赵汝红.图书馆读者导读工作初探[J].科技情报开发与经济,2014,24(19):35-37.

[34] 周甜甜.图书馆为残障读者提供服务的思考[J].科技信息,2013(14):194-195.

[35] 周玉霞.图书馆读者导读服务探析[J].科学大众(科学教育),2017(10):120+143.